PROBLÈMES

D'ARITHMÉTIQUE

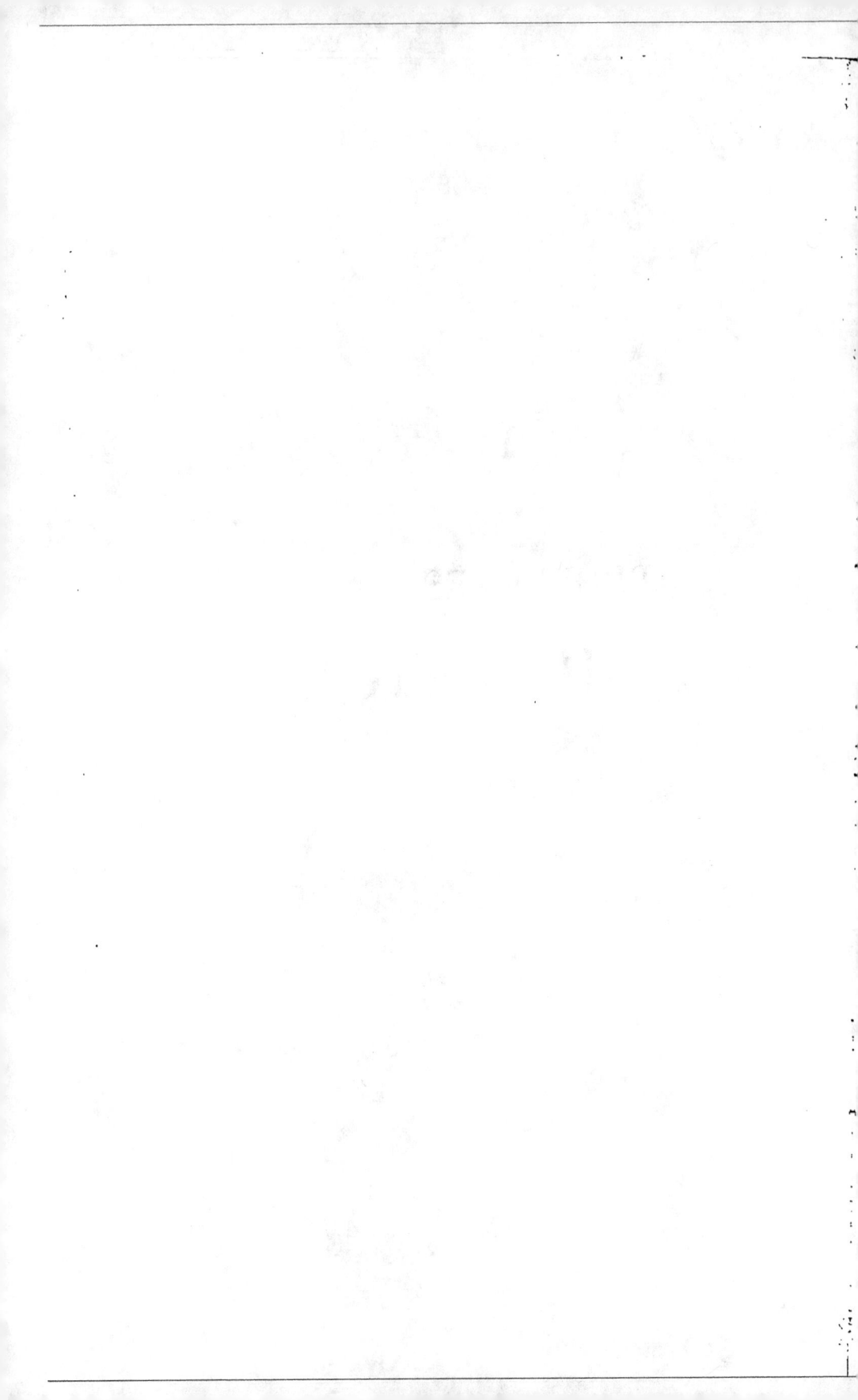

ÉNONCÉS

DES

PROBLÈMES D'ARITHMÉTIQUE

PROPOSÉS

PAR LA COMMISSION D'EXAMEN DU DÉPARTEMENT DU NORD

AVEC NOTES SUR CHAQUE GROUPE DE PROBLÈMES

PAR

M. B. GRIMON

INSPECTEUR DE L'ENSEIGNEMENT PRIMAIRE POUR L'ARRONDISSEMENT DE LILLE
CHEVALIER DE LA LÉGION D'HONNEUR
OFFICIER DE L'INSTRUCTION PUBLIQUE

ET

M. V. TILMANT

DIRECTEUR DE L'ÉCOLE PRIMAIRE SUPÉRIEURE DE LILLE
PRÉSIDENT DE L'ASSOCIATION DES ANCIENS ÉLÈVES DE L'ÉCOLE NORMALE DE DOUAI

**Ouvrage destiné aux aspirants et aspirantes au brevet de capacité
ou aux Écoles normales**

ET AUX ÉLÈVES DES PENSIONNATS DES DEUX SEXES

SECONDE ÉDITION, REVUE ET AUGMENTÉE DE PRÈS DE 100 PROBLÈMES

PARIS

LIBRAIRIE CLASSIQUE D'EUGÈNE BELIN

RUE DE VAUGIRARD, N° 52.

1876

Tout exemplaire de cet ouvrage non revêtu de ma griffe sera réputé contrefait.

Eug. Belin

SAINT-CLOUD. — IMPRIMERIE DE Mme Ve EUG. BELIN.

PRÉFACE

Venir en aide aux aspirants et aspirantes au brevet de capacité d'Instruction primaire, en leur indiquant le niveau des connaissances exigées en calcul, tel est le but que nous nous sommes proposé d'atteindre.

Ce travail comprend :

1° Les ÉNONCÉS des problèmes, avec notes destinées à en faciliter la solution ;

2° Les SOLUTIONS DÉVELOPPÉES, avec annotations spéciales à certains problèmes.

Ces diverses questions, recueillies dans les Examens du département du Nord, sont de la nature de celles qui peuvent être posées ultérieurement, et seront par conséquent utiles aux futurs instituteurs et institutrices, et aux élèves de l'enseignement secondaire spécial, et des écoles primaires supérieures et professionnelles.

Les progrès de l'enseignement de l'Arithmétique, notamment dans les écoles de filles du Nord, où cet ouvrage est surtout employé, justifient cette seconde édition, que nous avons tâché de rendre plus utile encore que la précédente.

OBSERVATIONS GÉNÉRALES

Ce recueil, vu son caractère tout spécial et les conditions particulières de ceux à qui il s'adresse, nous a paru ne pouvoir réaliser toute l'utilité qu'on peut en retirer, qu'au moyen d'annotations propres à éclairer les jeunes gens sur la marche à suivre pour la solution des divers problèmes qui y sont réunis. Par ce moyen, ces solutions perdent de leur sécheresse et de leur aridité, car les différentes conditions d'une question une fois mises en lumière, on aperçoit facilement les modifications dont elle est susceptible, et on trouve pour chacune d'elles la route qui doit conduire au résultat ; de plus, cette manière de faire offre l'avantage de pouvoir résumer en un nombre assez restreint de problèmes, un nombre beaucoup plus grand de questions analogues, que l'élève peut se poser lui-même, soit en modifiant les données de l'énoncé et conservant les mêmes inconnues, soit en prenant une de ces inconnues comme donnée, et se proposant de retrouver une des données primitives.

Ce dernier procédé, on le sait, est appliqué pour faire la preuve de la plupart des problèmes et même celle des opérations simples et isolées, et les questions suivantes en offriront de nombreux exemples. Mais sans vouloir anticiper sur ce qui sera dit plus loin, nous croyons devoir placer ici quelques observations générales et à notre avis très-importantes, car elles trouvent leur application dans les trois quarts au moins des questions, pour ne pas dire dans toutes.

Ces remarques porteront d'abord sur les *définitions des opérations,* afin de guider dans le choix de ces opérations, puis sur les *principes* propres à faciliter la *pratique* ou la *preuve* des *calculs*, et enfin sur le *choix des nombres* à y faire entrer : en résumé, elles indiqueront, pour toutes les opérations, *la fin* et *les moyens*.

Définitions des opérations.

Les calculs ne sont que la partie mécanique et par conséquent accessoire de la solution : l'important, c'est le raisonnement qui conduit à faire ces calculs, et nous pouvons assurer aux candidats que les Commissions d'examens adoptent toutes cette manière de voir.

Quand les *nombres immédiatement nécessaires* à la détermination d'un autre sont donnés directement, la solution ne présente aucune difficulté : il suffit, pour apercevoir le calcul à faire, de se rappeler les définitions des quatre opérations. Ces définitions UTILITAIRES, si l'on peut s'exprimer ainsi, c'est-à-dire indiquant le *but* de chaque opération, montrent dans quel cas il faut faire usage de chacune à l'exclusion des autres, qui ne peuvent atteindre ce but ou fournir le résultat dont le nom, ainsi que la nature, est indiqué par la question elle-même (1). Il est donc indispensable de savoir et surtout de comprendre bien les définitions des quatre opérations, et non-seulement une seule définition, mais toutes celles que l'on peut donner d'une même opération, comme cela arrive pour plusieurs d'entre elles, puisque chacune indique un *usage* particulier de l'opération. L'importance de ces définitions nous détermine à les expliquer ici en quelques mots, en indiquant pour chacune d'elles le nom ou les noms différents du résultat :

1° L'addition a pour but de *réunir* plusieurs nombres de même espèce en un seul, qu'on appelle *somme* ou *total*.

2° Le but de la soustraction est de *retrancher* un nombre d'un autre de même espèce, ou, connaissant la somme de deux nombres et l'un d'eux, de trouver l'autre. Le résultat s'appelle *reste*, *excès* ou *différence*.

3° La multiplication a pour but de *composer* un *pro-*

---

1. Voir le *Tableau des quatre règles ou des quatre premiers problèmes*, p. 11 des *Observations*, par M. Tilmant.

duit avec le multiplicande comme le multiplicateur a été formé avec l'unité, c'est-à-dire de *prendre* le multiplicande autant de fois qu'il y a d'unités dans le multiplicateur (si celui-ci est entier), et de *prendre* du multiplicande la partie indiquée par le multiplicateur (lorsque celui-ci est une fraction).

4° La division a pour but de *partager* le dividende en autant de parties égales qu'il y a d'unités dans le diviseur (quand celui-ci est entier), ou de *chercher combien de fois* le dividende contient le diviseur (lorsqu'ils sont de même espèce), ou enfin connaissant le produit de deux facteurs et l'un d'eux, de chercher l'autre. Le résultat se nomme *part* dans le premier cas, *quotient* ou *rapport* dans le second, et *fraction* lorsque le dividende est plus petit que le diviseur.

Ces définitions bien sues et bien *comprises,* on trouvera facilement l'opération à faire, lorsque, comme nous le supposons ici, les *nombres nécessaires* sont donnés ou trouvés.

Principes et preuves.

Si à ces définitions on ajoute les principes suivants, sur lesquels repose la pratique ou la preuve de chaque opération, on ne sera pas embarrassé pour effectuer ces opérations ou pour les vérifier.

On sait en effet qu'*on ne change pas :*

1° *une somme* ⎰ *en intervertissant* ⎱ *termes ;*
2° *un produit* ⎱ *l'ordre de ses.... * ⎰ *facteurs ;*

3° *La différence de deux nombres en ajoutant ou en retranchant à chacun une même quantité :* ce qui permet de substituer au procédé de l'emprunt celui de la compensation, préférable quand le nombre supérieur renferme des zéros, et comme préparation à la division ;

4° *Le quotient de deux nombres en les multipliant ou les divisant par un troisième :* ce qui permet de *rendre toujours le diviseur un nombre entier d'unités,* c'est-à-dire sans chiffres décimaux ni zéros.

1.

Nous signalons en outre aux aspirants la *preuve par 9*, très-expéditive, et applicable à toutes les opérations, mais surtout à la multiplication et à la division, dont les autres preuves sont assez longues.

Ils feront bien de s'habituer, et d'enseigner plus tard à leurs élèves, à placer les restes provenant des facteurs à droite et à gauche du signe ✕, comme s'y trouvent du reste les facteurs eux-mêmes dans l'indication de la multiplication : cette disposition montre à l'élève l'usage qu'il doit faire des restes obtenus.

Ordre des Calculs.

Nous les engageons fortement à vérifier chacune de leurs opérations, car une erreur peut se glisser, même dans une opération très-simple à la faveur de la précipitation et du trouble inséparables d'un examen ; les calculs étant généralement assez nombreux, cette première erreur en entraîne plusieurs autres et donne un résultat inexact. Pour faciliter cette vérification et rendre le travail de correction plus commode, il est bon de diviser en deux la page destinée à recevoir la solution, de faire d'un côté les calculs avec toute la clarté et tout l'ordre possibles, et de mettre en regard le raisonnement.

Une autre observation relative aux calculs proprement dits, nous paraît aussi très-utile : c'est de ne pas se hâter d'effectuer les opérations intermédiaires (multiplications et divisions), à moins qu'elles ne soient assez simples (1), ou susceptibles de donner des résultats suffisamment exacts sans pousser trop loin les approximations. Il arrive souvent, en effet, qu'en n'effectuant qu'à la fin l'ensemble des calculs, ils se simplifient ; au moins ils donnent le résultat final aussi exact qu'on le désire, et avec un degré d'approximation qui peut être parfaitement connu.

---

1. Pour les divisions à diviseur simple, c'est-à-dire plus petit que 10 (1er cas), le procédé des *parties aliquotes* (prendre du dividende l'inverse du diviseur), est plus expéditif que l'autre et plus intelligible : le prix du mètre, quand 8 mètres coûtent 46 fr., s'obtient mieux en *prenant le 1/8 de 46 fr.* qu'en *cherchant combien de fois* 46 (francs) contient 8 (mètres).

Calcul des fractions.

Dans le même but, nous ferons remarquer que si l'énoncé renferme des fractions qui ne puissent être converties exactement en décimales (ce qui arrive lorsque, réduites à leur plus simple expression, le dénominateur renferme un ou plusieurs facteurs premiers autres que 2 et 5), il faut les faire entrer dans les calculs sous leur forme *ordinaire,* sous peine de se condamner à un travail beaucoup plus long, et de ne pouvoir préciser le degré d'approximation du résultat obtenu.

Ce calcul des fractions est soumis à des règles particulières, que nous rappellerons ici :

L'addition et la soustraction ne pouvant se faire qu'avec des nombres de même espèce, *on réduit les fractions au même dénominateur,* en multipliant les deux termes de chacune par le dénominateur des autres, ou *au plus petit dénominateur commun,* qui est alors le *plus petit multiple commun* des dénominateurs donnés ; on fait ensuite la somme ou la différence des numérateurs, à laquelle on donne le dénominateur commun.

Pour multiplier une fraction par un nombre entier ou un nombre entier par une fraction, on multiplie le numérateur par l'entier, en donnant au produit le dénominateur ; et pour multiplier des fractions entre elles, on les multiplie terme à terme.

Pour diviser une fraction par un nombre entier, on multiplie le dénominateur par ce nombre ; et pour diviser un nombre entier ou une fraction par une autre fraction, on multiplie le dividende (nombre entier ou fraction), par la fraction diviseur renversée.

Enfin quand le diviseur est un nombre fractionnaire, *il faut* le réduire en expression fractionnaire sur laquelle on opère comme sur une fraction ; dans tous les autres cas, et notamment dans la multiplication, on peut conserver les nombres fractionnaires eux-mêmes.

Nombres nécessaires.

Jusqu'ici nous avons supposé connus les *nombres immédiatement nécessaires* au calcul qui doit fournir le résultat. Mais il s'en faut que ces nombres soient donnés dans toutes les questions ; le plus souvent, toute la difficulté consiste à déterminer ces nombres au moyen de ceux de l'énoncé, avec lesquels ils ont des relations plus ou moins simples, qui permettent de tirer les uns des autres.

La première chose à se demander, avant d'entreprendre la solution d'un problème, et *après avoir reconnu clairement la question posée* (1), c'est de savoir quels sont les nombres nécessaires à la détermination du nombre inconnu, puis d'examiner si l'énoncé renferme explicitement ces nombres, pour leur appliquer alors l'opération convenable. Lorsque les nombres nécessaires ne sont renfermés qu'implicitement dans la question, il faut commencer par les en tirer, au moyen des relations qui les lient aux nombres donnés, puis s'en servir comme il vient d'être dit.

Éclaircissons ces explications par un exemple. Il s'agit, je suppose, de trouver le *prix de vente de l'unité* d'une certaine marchandise : il est évident que pour arriver à ce résultat, il faut connaître le *prix total de vente* et le *nombre d'unités à vendre*, puis diviser le premier nombre par le second ; ou bien encore, ajouter au prix d'*achat* de l'unité, les *frais* de transport et autres par unité, et le *bénéfice* qu'on veut réaliser sur cette unité. Si les nombres nécessaires à la marche que l'on adopte ne sont pas donnés, il faut commencer par les calculer, et c'est dans la

1. Descartes a dit à ce sujet : « De quelque nature que soit la question que l'on propose à résoudre, la première chose qu'il faut faire, » est de concevoir nettement et distinctement ce que c'est précisément » qu'on demande, c'est-à-dire quel est le point précis de la question. »
   (*Logique* de Port-Royal, 4e partie, ch. II, *Analyse et Synthèse*.)
   Ce chapitre est reproduit p. 46 à 50 de la *Réforme de la Règle de trois*, par M. Tilmant.

recherche de ces nombres auxiliaires et dans le choix de la route suivie que l'on peut faire preuve d'intelligence et d'habileté. Dans l'exemple précédent, en effet, il faudra généralement préférer la première marche indiquée à la seconde : les calculs seront moins longs et plus exacts, à moins que les nombres nécessaires à la dernière ne soient donnés tous ou presque tous directement.

Mais les nombres nécessaires ne sont pas toujours aussi faciles à reconnaître que dans l'exemple précédent, et il est difficile d'établir une règle fixe et de prévoir tous les cas possibles. C'est là, nous le répétons, une affaire de tact, et d'où dépend souvent tout le mérite et l'exactitude d'une solution. Voici, à notre avis, quelques considérations qu'il est bon de méditer, et l'on trouvera plus loin de nombreuses applications de la règle à laquelle elles conduisent.

L'addition et la soustraction, on le sait, ne peuvent s'effectuer qu'avec des nombres *d'une seule et même espèce :* cela est tellement simple que nous n'en parlons ici que pour mémoire.

Dans les multiplications et les divisions, il y a, en y comprenant l'unité donnée et le résultat demandé, quatre nombres, dont un de même espèce que l'unité donnée, et l'autre de même espèce que l'inconnue ; c'est-à-dire que de ces quatre nombres, *deux sont d'une espèce* et les *deux autres d'une autre espèce,* comme dans les *règles de trois simples :* de sorte qu'une multiplication ou une division n'est qu'une *règle de trois simple, simplifiée* encore en ce que l'une des données est l'*unité.* Or, on sait que le raisonnement qui conduit à faire une multiplication, consiste à *comparer* à l'unité donnée le nombre donné de *même espèce ;* que pour la division, au contraire, on *compare* l'unité donnée au nombre connu de *même espèce* (1),

---

1. Cette comparaison conduit à notre première définition de la division (*partager...* p. 9); la seconde (*chercher combien de fois...*) n'est autre chose que la comparaison *directe* des deux nombres de même espèce. — Voir p. 7 des *Observations,* ou de la *Réforme de la règle de trois,* par M. Tilmant,

ou bien encore les deux nombres connus et *homogènes*, et qu'enfin, dans une règle de trois, on *compare* entre elles les données de *même espèce* au moyen de l'unité, c'est-à-dire *indirectement*, réunissant ainsi les deux raisonnements précédents.

Nombres comparables.

On voit donc que les *nombres de même espèce* jouent un grand rôle dans toutes les questions, et que pour celles qui se résolvent par la multiplication ou la division, ou encore par des règles de trois (réunissant ces deux dernières, et sans contredit les plus nombreuses), les nombres doivent être de même nature deux à deux, afin de pouvoir comparer entre eux ceux d'une même espèce.

Les nombres comparés doivent être non-seulement de même nature, mais encore *comparables*, c'est-à-dire exprimer des quantités exactement de même espèce, placées dans les mêmes conditions, composées de la même manière, etc. Ainsi un prix *d'achat* et un prix de *vente* ou un *bénéfice*, un *capital* et son *intérêt*, quoique exprimés tous en francs, ne sont pas *comparables*, dans le sens et dans le but que nous indiquons ici.

En outre, *les espèces de grandeurs doivent aussi être comparables, et pour cela varier en rapport direct ou en rapport inverse* l'une de l'autre (1), c'est-à-dire que lorsqu'un nombre d'une espèce devient 2, 3, 4 fois plus grand par ex., le nombre correspondant de l'autre espèce doit devenir aussi 2, 3, 4 fois plus grand (rapport direct), ou bien 2, 3, 4 fois plus petit (rapport inverse).

On s'écarterait de cette règle si, connaissant par exemple le prix de *vente* d'une marchandise pour réaliser un certain *bénéfice*, on en concluait que pour faire un bénéfice double ou triple, le prix de vente doit aussi

(1) Voir p. 8 de la *Réforme*, les définitions et l'application de ces sortes de grandeurs.

être doublé ou triplé : le prix de vente se composant en effet du prix de revient ou d'achat, *fixe* pour tous les cas, et du bénéfice *variable,* il serait inexact de faire varier cette somme entière, quand une seule de ses parties doit varier. Il en serait de même si, connaissant ce qu'est devenu *capital et intérêts réunis,* un *capital* donné placé pendant un *temps* et à un taux déterminés, on croyait que pour avoir la *même somme* (en capital et intérêt), après un *temps double* et au même taux, il suffit de placer un *capital moitié* du premier : le *capital* ne varie en *rapport inverse* avec le *temps* que pour produire *l'intérêt seul ;* et dans cet exemple, l'intérêt produit serait bien le même que celui qui entre dans la somme précédente, mais le capital étant réduit de moitié, la somme serait changée.

Dans ces deux cas, il faut isoler par la soustraction les quantités variant en rapport direct ou inverse avec les données; dans d'autres, il faudra combiner certaines quantités pour en former de nouvelles liées aux données par ces rapports directs ou inverses.

En résumé, *ne comparer jamais que des nombres et des grandeurs comparables,* c'est-à-dire d'abord des nombres exprimant des grandeurs de même espèce, et ensuite des espèces de grandeurs directement ou inversement proportionnelles les unes aux autres, variant en rapport direct ou inverse : telle est la règle à suivre dans tous les cas, et par laquelle nous terminons ces observations générales.

Pour en faciliter l'application, nous engageons fortement les candidats à disposer les règles de trois comme nous l'avons indiqué en divers endroits, c'est-à-dire à mettre la *question* (renfermant l'inconnue x) dans la première ligne. Ce procédé dispense de répéter *l'hypothèse* dans la solution, et celle-ci ne renferme plus alors que *l'analyse* (réduction à l'unité des nombres de l'hypothèse), et la *synthèse* (retour aux nombres de la question).

Les aspirants trouveront, dans la *Réforme de la Règle de trois* ou *Règle d'or,* les raisons de ce changement, et les avantages considérables qui en résultent.

PREMIÈRE PARTIE

CHAPITRE PREMIER

VOLUME, CAPACITÉ, POIDS.

Observations.

La solution de ces premiers problèmes exige la connaissance du système métrique, surtout des relations existant entre les mesures de volume et celles de capacité, et qui permettent de remplacer les unes par les autres. Ces transformations reposent sur ce que *le litre est la contenance d'un décimètre cube,* d'où résulte que le mètre cube, contenant 1.000 décim. cubes ou 1.000 litres, vaut 10 hectolitres.

La connaissance des *poids* n'est pas moins indispensable, à cause des conversions fréquentes des volumes en poids ou réciproquement, soit au moyen de la densité ou des données, comme dans les problèmes suivants, soit directement, quand il s'agit d'eau pure. On sait en effet que *le gramme est le poids du centimètre cube d'eau pure, à son maximum de densité, et pesé dans le vide,* d'où l'on conclut facilement que le décimètre cube ou litre d'eau dans ces conditions pèse 1 kilog. et le mètre cube 1.000 kilog. Ce poids de 1.000 kilog. porte le nom de *tonne* ou *tonneau,* et sert à évaluer le *tonnage* des bateaux et les chargements considérables; le *quintal* est une autre unité de poids qui vaut 100 kilog., unité de compte bien entendu, comme la précédente, puisque le plus gros *poids réel* est de 50 kilog. : le quintal est le poids de 100 litres d'eau pure, c'est-à-dire d'un hectolitre.

Tous les candidats, nous en sommes convaincus, possèdent parfaitement le sytème métrique; mais nous avons cru devoir leur rappeler ces quelques notions essentielles, qui, sous leur apparente simplicité, renferment cependant des difficultés dont ils peuvent être appelés à rendre compte à l'examen oral. Nous voulons parler de la définition du gramme, où se trouvent certaines expressions qui ont besoin d'être expliquées.

Ainsi, le *poids étalon* conservé avec le *mètre étalon* ou type, et déterminé avec le plus grand soin, n'est pas le gramme, mais bien le *kilogramme, poids du décimètre cube d'eau pure, dans le vide et à la température du maximum de densité.*

On conçoit, en effet, qu'il eût été très-difficile d'opérer avec une exactitude suffisante sur une quantité d'eau aussi faible que le centimètre cube : la plus légère erreur sur ce poids, multipliée ensuite par des nombres considérables, par 1.000 par exemple pour le kilog., altérerait notablement la valeur des multiples du gramme.

De même, quand on dit que le gramme est le poids *dans le vide* du centimètre cube d'eau pure, il faut se rappeler que le vide étant un lieu privé d'air et de toute autre substance, (comme la *chambre du baromètre,* placée au sommet de la colonne de mercure de cet instrument), l'eau, même froide, s'y réduit immédiatement en vapeur, c'est-à-dire se met à bouillir. La pression atmosphérique est en effet la cause qui maintient l'eau à l'état liquide, et qui fait qu'au niveau de la mer, sous la pression ordinaire, elle ne bout qu'à la température de 100°. Cela est si vrai, que sur de hautes montagnes ou sous la cloche d'une machine pneumatique, l'eau bout à des températures inférieures à 100°, et d'autant plus basses que la pression est amoindrie, soit par l'effet de la hauteur où l'on se trouve, soit par le vide plus ou moins complet produit par la machine.

Ainsi il est impossible de peser l'eau dans le vide, et la définition ci-dessus signifie que l'unité de poids est le poids *qu'aurait dans le vide* l'unité de volume d'eau. Or, en vertu du principe d'Archimède, que *tout corps plongé dans un fluide y subit une poussée ou y perd une partie de son poids égale au poids du fluide qu'il déplace,* l'eau pèse moins dans l'air que dans le vide, parce qu'elle y est soulevée par la poussée de l'air, la même qui enlève les ballons : il faut donc tenir compte de cette perte de poids dans l'air, en l'ajoutant au poids obtenu. La même poussée s'exerçant aussi sur les poids employés, mais d'autant moins que leur densité est plus grande et par suite leur volume plus petit, il faut également en tenir compte, en sens inverse bien-entendu : en résumé cette correction, que nous ne pouvons qu'indiquer ici, est d'environ un gramme pour un décimètre cube d'eau, l'air pesant, dans les conditions ordinaires, environ 770 fois moins que l'eau, c'est-à-dire à peu près 1 gr. 3 par litre ou par décimètre cube.

Enfin on dit que l'eau est à son *maximum de densité*, lorsqu'elle est *le plus dense possible,* c'est-à-dire le plus resserrée, le plus comprimée sur elle-même, de manière qu'il y en ait le plus sous le même volume, ou qu'un même poids occupe le plus petit volume possible. Or cela a lieu à la température de 4° au-dessus de zéro du thermomètre centigrade. Si donc on avait un vase exactement plein d'eau à la température de 4°, un décimètre cube par exemple, et qu'on pût échauffer ou refroidir l'eau sans changer la capacité du vase, dans un cas comme dans l'autre une partie du liquide se répandrait au dehors. L'eau, en effet, présente une exception très-remarquable à l'influence qu'exerce la chaleur sur les corps : tandis que tous les corps se dilatent indéfiniment en s'échauffant et se contractent en se refroidissant, l'eau ne suit cette loi qu'au-dessus de 4°; car si on l'amène à une température inférieure, elle se dilate, peu il est vrai, mais avec une force irrésistible dont les effets ont donné lieu à l'expression vulgaire, GELER A FENDRE LES PIERRES. Cette expansion de la glace explique pourquoi elle flotte, puisqu'elle est plus légère que l'eau sous le même volume ; et la température du *maximum de densité* de l'eau, montre pourquoi l'eau du fond des lacs et des rivières reste liquide et est moins froide en hiver que celle de la surface.

Puisque nous venons de parler de *densité*, définissons cet élément important de la nature des corps, qui se déduit de leur poids et de leur volume, et permet aussi de passer facilement de l'un à l'autre.

On nomme *densité* ou mieux *poids spécifique* d'un corps solide ou liquide, le *rapport* (ou quotient abstrait) *du poids d'un certain volume de ce corps, au poids du même volume d'eau.* Or, d'après ce que l'on sait du poids du décimètre cube et du centimètre cube d'eau, on peut dire que *la densité ou le poids spécifique d'un corps est le poids du décimètre cube exprimé en kilogrammes, ou du centimètre cube en grammes :* de sorte que pour avoir la densité D d'un corps, il suffit de diviser son poids P exprimé en kilogrammes (ou en grammes), par son volume V en décimètres cubes (ou en centimètres cubes). On en conclut facilement que le poids s'obtient en multipliant la densité par le volume, et que le volume se déduit du poids en divisant celui-ci par la densité : c'est-à-dire que le calcul de l'une de ces trois quantités, au moyen des deux autres, conduit à l'application de l'une des formules suivantes :

$$D = \frac{P}{V}, \text{ d'où } P = DV, \text{ et } V = \frac{P}{D}$$

Les problèmes suivants ne renferment pas la *densité* donnée sous sa forme de *nombre abstrait,* mais bien sous forme de *nombre concret,* ce qui revient au même, et conduit plus simplement aux calculs indiqués ci-dessus : ainsi quand on dit que le blé pèse 75 Kg. l'Hl. et le charbon 80 kg. l'Hl. par exemple, c'est comme si l'on disait que la densité moyenne du blé est 0,75 et celle du charbon 0,80 ; car cela signifierait que l'Hl. de ces substances pèse 0,75 ou 0,80 du poids de l'Hl. d'eau ou de 100 Kg.

On trouvera dans plusieurs des problèmes suivants l'indication du prix de transport *par tonne et par kilomètre :* c'est ce que l'on paye pour une tonne transportée à la distance d'un kilomètre. Le prix total du transport variant en rapport direct avec le poids et avec la distance, et par suite avec leur produit, on l'obtiendra en multipliant le prix indiqué par le poids et par la distance, exprimés en unités données. On peut du reste s'en convaincre en résolvant la question, après l'avoir *posée comme il a été dit précédemment*, p. 15 fin, et comme on va le voir au N° 1 ci-dessous.

PROBLÈMES.

§ 1. — BLÉ. — BOULANGERIE.

N° 1.

L'hectolitre de blé de 78 kilogrammes valant 24 francs, combien vaut le quintal? (1)

N° 2.

L'hectolitre de blé pesant 78 kilogrammes 875, trouver le poids de 15 mètres cubes 43 du même blé.

N° 3.

326 mètres cubes 5/7 de blé ont coûté 65.427 fr. 75 : combien coûteront 127 hectolitres 42 de ce blé?

N° 4.

Lorsque 10 hectolitres de blé coûtent 240 francs, on a pour le même prix 300 kilogrammes de farine : quel serait le prix de 250 kilogrammes de farine, si le blé valait 0 fr. 25 le litre?

N° 5.

Un marchand de grains a pris livraison de 127 hectolitres de blé pesant 80 kilogrammes l'hectolitre, au moment de la récolte, à raison de 21 francs 75 l'hectolitre. Le blé perd 4 kilogrammes de son poids par hectolitre en se desséchant: combien le marchand doit-il vendre le quintal métrique pour réaliser un bénéfice de 7 1/2 p. 0/0?

---

1. Solution du n° 1 :

Question proposée : 100 kilog. de blé valent x fr.
Hypothèse :   si 78   —   —   24 —
Analyse :   1   —   vaut   78 fois moins que 78 kilog.
Synthèse :   100   —   valent 100 fois plus que   1   —

Réponse : $x = \dfrac{24 \text{ fr.} \times 100}{78}$, ou 24 fr. $\times \dfrac{100}{78} = 30$ fr. 77.

N° 6.

Un particulier a une exploitation de 14 hectares 7, dont le 1/3 est ensemencé en blé. Il a récolté par hectare 2 mètres cubes 58 de blé, pesant 73 kilogrammes 25 l'hectolitre, et rendant en farine les 8/10 de son poids. En admettant qu'on ajoute à la farine pour le pétrissage 55 d'eau pour 100 de son poids, et que la pâte perd 1/6 de son poids par la cuisson, on demande combien on peut faire de pains de 3 kilogrammes avec le produit de la récolte ci-dessus.

N° 7.

Un marchand de farine a acheté 154 hectolitres de blé pesant en moyenne 76 kilogrammes l'hectolitre. Il a dû payer, outre le prix principal, 1 fr. 50 p. 0/0 pour transport et magasinage, et 0 fr. 62 pour la mouture de 100 kilogrammes de blé. On sait en outre que 100 kilogrammes de blé produisent 74 kilogrammes de farine et 24 kilogrammes de son à 0 fr. 14 le kilogramme. Le marchand vend sa farine à 54 fr. 50 le sac de 150 kilogrammes, sans perte ni gain : combien lui a coûté le blé?

N° 8.

Un marchand a acheté 157 quintaux de blé à 31 fr. 50 le quintal; il a soumis ce blé à une épuration qui lui a fait perdre les 2/19 de son poids, et il l'a revendu ensuite à un prix convenu, payable dans 6 mois 1/2. Il a gagné sur cette vente, outre l'intérêt légal 5 p. 0/0 par an de la somme déboursée, une prime de 2 fr. 35 par hectolitre acheté, pesant 76 kilogrammes 50 : quel prix a-t-il vendu le quintal de blé?

N° 9.

Un boulanger a acheté 7 mètres cubes 364 de blé à raison de 21 fr. 50 l'hectolitre, dont le poids est 83 kilogrammes 37. Il doit payer 0 fr. 03 par tonne et par kilomètre, pour le transport de ce blé à 12 myriamètres 57, et on lui accorde 5 fr. 25 par hectolitre, pour frais de fabrication du pain. Le blé lui donne 81 kilogrammes 57 de farine par quintal, et la quantité de pain qu'il obtient est 14/11 du poids de la farine qu'il a employée : trouver le poids et le prix du pain provenant de la quantité donnée de blé, et le prix par kilogramme.

Nº 10.

On admet que de 100 kilogrammes de blé on retire 74 kilogrammes de farine, et 24 kilogrammes de son à 0 fr. 05 le kilogramme.

Il faut, à 100 kilogrammes de farine, ajouter 50 kilogrammes d'eau pour les convertir en pâte, et 115 kilogrammes de pâte donnent 100 kilogrammes de pain. Un boulanger a fait dans un mois 10.540 kilogrammes de pain, qu'il a vendu à raison de 0 fr. 34 le kilogramme. Il a dépensé 232 francs de combustible, et il a gagné 328 francs. Combien a-t-il employé d'hectolitres de blé, pesant 76 kilogrammes l'hectolitre, et combien a-t-il payé l'hectolitre ?

Nº 11.

Un farinier a fait acheter, au prix de 20 fr. 50 l'hectolitre, 87 hectolitres de blé, dont le poids moyen est 74 kilogrammes. Il paye, en outre, 0 fr. 25 par hectolitre pour commission, 1 fr. 50 par mètre cube pour frais de magasin, 4 fr. 25 par tonne (1000 Kg.) pour frais de transport, 1 fr. 20 par quintal métrique pour frais de mouture, et il veut savoir à quel prix il doit vendre le sac de farine de 100 kilogrammes, pour gagner 150 francs sur les 87 hectolitres, sachant que le rendement du blé en farine est 0,80.

Nº 12.

Un marchand a acheté 357 quintaux métriques de blé au prix de 22 francs l'hectolitre, pesant 78 kilogrammes ; il paye en outre 0 fr. 15 pour le chargement et le déchargement par hectolitre, et le transport à 127 kilomètres, à raison de 0 fr. 07 par kilomètre et par tonne. Ce blé lui donne 1820 kilogrammes de son à 0 fr. 15 le kilogramme, et 332 quintaux de farine. A quel prix doit-il revendre le sac de farine de 150 kilogrammes, pour avoir un bénéfice net de 1 fr. 75 par hectolitre de blé?

N° 13.

Avant la guerre de 1870, la population de la France était de 38.067.094 habitants, consommant annuellement 167 litres de blé par individu. L'hectolitre de blé pèse environ 76 kilogrammes, et vaut en moyenne 15 fr. 95. On sème 2 hectolitres 08 de blé par hectare, et on récolte sur la même superficie 12 hectolitres 45. Cela posé, on demande : 1° le volume en mètres cubes, le poids en quintaux et le prix du blé nécessaire pour nourrir tous les habitants de la France pendant une année; 2° le nombre de mètres carrés qu'il fallait ensemencer en blé chaque année pour suffire à la consommation et aux semailles.

§ 2. — CHARBON. — TRANSPORT.

N° 14.

Le charbon pris à la fosse se vend 1 fr. 35 la pesée de 80 kilogrammes. On paye pour octroi et transport 0 fr. 50 à l'hectolitre. On sait qu'un hectolitre de charbon pèse 83 kilogrammes 350 grammes : trouver le prix de 4 mètres cubes de charbon rendus à destination.

N° 15.

La houille coûte de transport 0 fr., 03 par tonne et par kilomètre, et 1 fr. 45 de chargement. Combien devra-t-on payer 256.348 kilogrammes chargés et transportés à la distance de 277 kilomètres 356?

N° 16.

Un marchand a acheté 17 mètres cubes 563 de charbon à raison de 1 fr. 43 l'hectolitre pesant 82 kilogrammes 50; il paye en outre 2 p. 0/0 du prix d'achat pour le transport. Il revend ce charbon au prix de 2 fr. 75 les 100 kilogrammes. Combien gagne-t-il sur le tout?

N° 17.

Un marchand a acheté 575 mètres cubes de charbon, du poids moyen de 82 kilogrammes par hectolitre ; il a, outre le prix d'achat, à payer 0 fr. 05 par hectolitre pour octroi, et 0 fr. 15 pour menus frais. En vendant ce charbon au prix de 2 fr. 20 les 100 kilogrammes, il gagne 3 fr. 50 par mètre cube. Trouver le prix qu'il a dû payer la tonne de charbon à la fosse.

N° 18.

Le chemin de fer demande pour le transport du charbon 0 fr. 15 par tonne de 1000 kilogrammes et par kilomètre de distance. Le charbon pèse 82 kilogrammes 45 l'hectolitre, et il se vend 1 fr. 60 les 90 kilogrammes pris à la fosse. Quel sera le prix du wagon de 4 mètres cubes 324 de charbon, transporté à une distance de 17 myriamètres 37 de la fosse.

N° 19.

Un particulier a acheté une voiture de charbon contenant 23 pesées de 95 kilogrammes chacune, à raison de 1 fr. 15 la pesée. Il paye en outre 0 fr. 34 par quintal métrique pour frais de transport, et 0 fr. 04 d'octroi par hectolitre. En admettant que le poids d'un hectolitre est 78 kilogrammes, on demande à quel prix lui revient l'hectolitre de charbon.

N° 20.

Une personne a acheté 32.600 kilogrammes de charbon. Elle doit payer, outre le prix d'achat, les frais de transport, à raison de 0 fr. 06 par kilomètre et par tonne de 1000 kilogrammes. Ce charbon est conduit à une distance de 37 kilomètres. Les frais de chargement, de déchargement et d'octroi, sont de 0 fr. 17 par quintal ; elle vend ce charbon au prix de 1 fr. 85 l'hectolitre pesant 88 kilogrammes, et elle gagne 235 fr. sur le tout. Combien lui coûte le charbon pris à la mine ?

N° 21.

Une personne a acheté 7 wagons de charbon pesant

chacun 8 tonnes 548. Outre le prix d'achat à la mine, elle doit payer 0 fr. 06 par tonne et par kilomètre, pour les faire venir à sa résidence située à 32 kilomètres de la mine, et 0 fr. 15 par quintal pour octroi, frais de chargement et de magasin. En vendant son charbon au prix de 1 fr. 70 l'hectolitre de 88 kilogrammes, elle gagne 350 fr. sur le tout. Combien lui coûte le wagon pris à la mine ?

N° 22.

Une personne possède une usine située sur le chemin de fer, à 117 kilomètres d'une mine de houille, et à 142 kilomètres d'une autre mine. Le prix de transport sur la voie ferrée est de 0 fr. 03 par kilomètre et par tonne. 3 kilogrammes du charbon de la première mine donnent autant de chaleur que 4 kilogrammes du charbon de la deuxième. Elle paye 1 fr. 20 l'hectolitre pesant 84 kilogrammes, pour le charbon pris à la première mine, et le transport en sus. A quel prix devra-t-elle payer l'hectolitre, aussi de 84 kilogrammes, à la seconde mine ?

CHAPITRE II

ÉCLAIRAGE.

Observations.

Nous plaçons ici ces problèmes sur l'éclairage, parce qu'ils offrent, comme les précédents, des transformations de volume en poids ou réciproquement. Ces conversions ont lieu ici au moyen du poids du litre, qui équivaut aussi à la densité. En effet, quand on dit que le litre d'huile pèse 0 Kg. 96, cela revient à dire que la densité de cette huile est 0,96 ; car le litre d'eau pesant 1 Kg., 0,96 de ce poids valent bien 0 K., 96.

Pour terminer ce que nous avons dit précédemment

de la densité, nous allons indiquer les moyens les plus simples d'obtenir celle des corps liquides ou solides.

La densité d'un liquide est plus facile à obtenir que celle d'un solide, parce qu'on peut en avoir immédiatement le volume en se servant d'un vase d'une capacité connue. Quant au poids, on l'obtient facilement en retranchant le poids du vase vide du poids total du vase plein, ou plus simplement en faisant préalablement la *tare* du vase.

A défaut de vase d'une capacité connue, on peut opérer avec un vase quelconque préalablement taré, ou que l'on pèse successivement, vide, puis plein de liquide donné, et enfin plein d'eau : en retranchant le premier poids de chacun des deux suivants, on a les poids de volumes égaux du liquide et d'eau; et en divisant le premier de ces restes par le second, on a la densité cherchée.

Pour les solides, l'opération est ordinairement plus compliquée, à cause de la forme irrégulière du corps, qui ne permet d'en obtenir le volume qu'en le plongeant dans l'eau. On divise alors le poids du corps dans l'air par le poids ou le volume d'eau déplacé, qui est le même que le volume du corps, ou par la perte du poids que ce corps subit dans l'eau en vertu du principe d'Archimède cité plus haut (p. 18, fin).

Nous engageons les candidats à chercher eux-mêmes la densité de quelques corps, ou au moins à s'exercer à tirer le poids d'un corps de son volume ou réciproquement, au moyen des tables de densités qu'ils trouveront dans tous les traités de physique.

Quant aux gaz, leur densité s'exprime relativement à celle de l'air prise pour unité : de sorte que pour avoir le poids d'un litre de gaz, il faut multiplier le poids du litre d'air (1 gr., 3) par la densité donnée. Ainsi la densité du gaz d'éclairage étant à peu près 0,6, le litre de ce gaz pèse 1 gr.,3 $\times$ 0,6 = 0 gr.,78 environ; celle de l'hydrogène étant 0,07, le litre pèse 1 gr.,3 $\times$ 0,07 = 0 gr.,091. 14 fois 1/2 moins que l'air).

La densité d'un gaz s'obtient en divisant le poids d'un

certain volume du gaz par le poids du même volume d'
pris dans les mêmes conditions de température et
pression. Ces opérations étant trop compliquées p
trouver place ici, nous terminons par quelques renseig
ments pratiques sur les deux principaux modes d'éclair
employés aujourd'hui.

Le gaz d'éclairage s'obtient par la distillation de
houille, du bois ou d'autres substances grasses ou comb
tibles. Dans les villes, le gaz de houille coûte génér
ment de 0 fr. 20 à 0 fr. 30 le même cube, et on le br
dans des becs consommant de 100 à 200 litres par heu
En se mêlant à l'air, il constitue un mélange déton
analogue au *grisou* des mines; aussi il faut avoir soin
bien fermer les becs lorsqu'on éteint, et éviter les fui

Parmi les huiles minérales employées à l'éclairage
pétrole (huile de pierre) est aujourd'hui la plus répand
Pour que son usage ne présente aucun danger d'explos
ni d'incendie, sa densité doit être au moins égale à 0
c'est-à-dire qu'il doit peser au moins 0 Kg., 800 gr.
litre.

Lorsqu'il n'atteint pas cette densité, c'est qu'il est r
langé d'huiles légères, volatiles et très-combustibl
émettant à la température de 35°, et quelquefois mêm
la température ordinaire, des vapeurs susceptibles
prendre feu au contact d'une autre flamme. On s'en assu
facilement, en versant de l'huile dans une soucoupe,
promenant à la surface une allumette enflammée. Lorsq
les vapeurs ou gaz dont nous venons de parler exister
elles s'enflamment en produisant une explosion, et co
muniquent le feu à l'huile elle-même. L'incendie est alo
très-difficile à éteindre, car l'eau reste sans action : le p
trole surnageant à cause de sa faible densité, continue
brûler. Aussi, dans les magasins, « une quantité de sal
« ou de terre, proportionnée à l'importance du dépô
» doit-être conservée dans le local, pour servir à éteind
» un commencement d'incendie, s'il venait à se déclarer
(*Décret du* 18 *Avril* 1866).

Répétons, quant au calcul, qu'il est important de *pos*

la question d'*abord ;* c'est le meilleur moyen de découvrir les *nombres nécessaires,* d'après ce principe : *Qui veut la fin veut les moyens.* Appliquée à la 2ᵉ question du n° 24, cette observation fournit la disposition suivante :

Question proposée : Sur 100 fr. d'achat, on a gagné *x*
Hypothèse :   Si sur 187 fr. 50   —   …

Ce nombre *auxiliaire,* à chercher, est évidemment 213 fr. 45 — 187 fr. 50 = 25 fr. 95.

PROBLÈMES.

N° 23.

On a deux lampes, dont l'une est alimentée par de l'huile de colza, et l'autre par de la benzine. La première consomme 3 centimètres cubes d'huile pendant que la deuxième brûle 7 centimètres cubes de benzine. Le litre d'huile de colza pèse 0 kilogramme 96, et celui de benzine 0 kilogramme 73. Le kilogramme d'huile se vend 2 fr. 15. A quel prix faudra-t-il vendre le kilogramme de benzine, pour que la dépense d'entretien des deux lampes soit la même?

N° 24.

Le litre d'huile pèse 947 grammes. Un hectolitre 2/3, qui avait été payé 187 fr. 50, a été revendu 213 fr. 45. Combien a-t-on gagné par hectogramme et combien gagne-t-on pour 100 sur le prix d'achat.

N° 25.

Un bec de gaz a brûlé 270 hectolitres de gaz en 86 heures, et a causé une dépense de 12 fr. 15. On demande : 1° combien ce bec brûle de gaz en une soirée de 5 heures et demie ; 2° ce que coûte l'éclairage par heure ; 3° quel est le prix d'un mètre cube de gaz.

N° 26.

Une lampe, donnant une clarté égale à celle de 2 bougies, a brûlé 275 grammes d'huile en 19 heures. Une bougie dure 8 heures, et l'on sait qu'un kilogramme d'huile

coûte 1 fr. 15, et que 5 bougies coûtent 1 fr. 90. Quel est
le plus économique des deux modes d'éclairage, et combien coûtera par mois l'éclairage au moyen de la lampe,
en supposant qu'elle brûle 6 heures 3/4 par jour, et en
supposant 30 jours par mois?

N° 27.

3 hectolitres 1/4 de colza donnent un hectolitre d'huile
et 96 kilogrammes de tourteaux. Les frais de fabrication
d'un hectolitre d'huile s'élèvent à 2 fr. 15, et le prix des
tourteaux est de 16 fr. 45 par quintal. Sachant qu'un litre
d'huile pèse 0 kilogr. 947, on demande combien on devra
payer l'hectolitre de colza, pour que la vente de l'huile au
prix de 1 fr. 48 le kilogramme, procure un bénéfice de
2 fr. 40 par hectolitre de colza.

CHAPITRE III

ÉCONOMIE DOMESTIQUE.

Observations.

Plusieurs problèmes réunis sous ce titre auraient pu
également trouver place sous un autre, et il en est de
même de ceux des groupes précédents et suivants : le
même problème, en effet, renferme souvent plusieurs questions simples, qui le rattachent plus ou moins directement à tel ou tel genre. Nous avons placé ici ceux qui nous
ont paru ne se relier qu'indirectement aux groupes suivants, généralement admis dans les traités d'arithmétique
pratique.

Quant aux observations à faire sur ces problèmes, il
suffit de rappeler la nécessité de raisonner sur des nombres et des grandeurs *comparables,* dont le premier et le
dernier (41) notamment fourniront des exemples.

En se rappelant ce qui a été dit des *nombres nécessaires* (p. 12 et 13), on verra que pour répondre à la

1ʳᵉ question du n° 28, il faudrait savoir *quel prix* Jacques a *payé* le quintal. Or, on peut le trouver facilement, en disposant ainsi la question et les nombres auxiliaires :

Question proposée : Le quintal vendu 24 f. avait coûté x.
Hypothèse : Si ce qui est   —   95 f. 75 — 100 fr.

On arriverait de même au résultat demandé, en cherchant *préalablement* le prix total payé à Jacques par Antoine, de la manière suivante :

Question : Ce que J. a acheté 2.927 fr. 35 a été vendu x.
Hypothèse : Si ce qu'il   —   100 fr.   — 95 fr. 75.

PROBLÈMES.

N° 28.

Jacques a acheté pour 2.927 fr. 35 de fer, et en le revendant à Antoine à 0 fr. 24 le kilogramme, il a perdu 4 1/4 p. 0/0. Antoine a revendu les 2/7 de ce qu'il a acheté pour 800 francs, et le reste à raison 0 fr. 27. Dites : 1° combien Jacques a acheté de quintaux de fer ; 2° le gain total fait par Antoine ; 3° son gain pour 100.

N° 29.

Un cultivateur a acheté du blé à 24 fr. 36 l'hectolitre, et après lui avoir fait subir des nettoyages qui en ont réduit la quantité d'un quart, il a semé ce blé sur 37 hectares, 5384, à raison de 182 litres par hectare. Le loyer du terrain ensemencé est de 5.642 fr. par an, et les frais de culture, d'engrais et de récolte se sont élevés à 7.372 fr. 40. La récolte a été de 26 hectolitres de blé, et 42 quintaux de paille par hectare. Trouver le prix de la récolte et le bénéfice du cultivateur, en supposant que le blé soit vendu 21 fr. 40 l'hectolitre, et la paille 19 fr. les 100 bottes pesant chacune 5 kilogrammes.

N° 30.

Un libraire a reçu en tout d'un éditeur 1.690 exemplaires d'un certain ouvrage, pour la somme nette de

4.680 francs ; il a eu un exemplaire de plus par douzaine, et en outre on lui a fait une remise de 8 p. 0/0. A combien se monte la remise qu'il a reçue par exemplaire ?

N° 31.

Un libraire s'engage à fournir des livres pour 6.548 fr., prix net, moyennant un rabais de 17 fr. 50 pour 0/0, sans treizième, sur le prix-courant des ouvrages qu'on lui demande. Il obtient des éditeurs qu'ils lui donneront 13 volumes pour le prix de 12, et qu'ils lui feront en outre, sur le prix-courant une remise de 24 p. 0/0, à condition qu'il se chargera du port, pour lequel sa dépense doit s'élever à 2 1/2 p. 100 du prix-courant ou prix fort. Quel sera le bénéfice du libraire dans cette opération ?

N° 32.

On a acheté une pièce de vin contenant 217 littres 35, au prix de 127 fr. les 214 litres. On a dû payer en outre les frais d'octroi et autres, à 10 fr. 55 l'hectolitre, et le transport à 37 myriamètres 87, à raison de 0 fr. 032 par kilomètre et par tonne métrique. On sait que le litre de vin pèse 993 grammes 9, et que le fût pèse 21 kilog. 53. On demande le prix du vin rendu à domicile, et à combien revient la bouteille contenant 0 litre 73, verre et bouchons compris, sachant que le 100 de bouteilles coûte 15 fr. 75 ; le 100 de bouchons 1 fr. 45, et que 7 bouteilles ayant été cassées, on a perdu le vin qu'elles contenaient.

N° 33.

On a acheté 1.970 kilog. 060 de marchandises à 3 fr. 15 le kilog. ; on en vend les 3/5 à 3 fr. 45 le kilog., et le reste à un prix tel qu'on gagne 7 fr. 35 p. 0/0 sur la vente des 1.970 kilog. 060. Quel est le prix du kilog. du reste, à un centime près.

N° 34.

On a eu, pour 69 francs, 22 kilog. 50 de café, de sucre et de thé ; le prix du café est les 5 3 de celui du sucre, le prix du thé est double de celui du café : la quantité du café est triple de celle du sucre, et celle du thé est moitié de celle du sucre. Combien de kilogrammes de chaque espèce, et combien coûte le kilogramme de café, de sucre et de thé ?

N° 35.

Une personne a acheté du café, du sucre et du thé, pour la somme de 356 fr. 60. Le prix du kilog. de sucre est moitié de celui du café, et ce dernier 3 fois moindre que celui du thé. Elle a eu trois fois autant de sucre que de café, et deux fois autant de café que de thé. Combien a-t-elle payé le kilogramme de chaque espèce (en supposant qu'on ait acheté 18 kilogrammes de thé) ?

N° 36.

Une famille composée de 9 personnes, consommant chacune en moyenne 5 kilog. 166 de pain, et 1 kilog. 185 de viande par semaine, a obtenu du boulanger une réduction de 0 fr 045 sur le prix du pain de 3 kilog., et une réduction de 0 fr. 07 1/4 sur le prix du demi-kilog. de viande. Quelle sera l'économie annuelle réalisée par la famille sur les fournitures, et combien pour 100 gagnera-t-elle par semaine, quand le prix du kilog. de pain sera de 0 fr. 32, et celui du kilog. de viande 1 fr. 60 ?

N° 37.

Une personne emploie 18 kilog. de groseilles pour faire des confitures. On admet que 7 kilog. de groseilles rendent 5 litres de jus, qu'un litre de jus pèse 0 kilog. 970, et perd 1/8 de son poids par la cuisson. On emploie 0 kilog. 850 de sucre par litre de jus, et on demande combien on obtiendra de kil. de confitures, et à quel prix revient le kilogramme, sachant que les groseilles ont coûté 0 fr. 45 le kilog., et que le sucre vaut 1 fr. 30 le kilogramme.

N° 38.

On a une somme de 12 francs pour payer le sarclage de 3 hectares : 5 ouvrières sont venues à 6 heures du matin, 3 à 9 heures et 4 à 11 heures. La journée finissant pour toutes à 6 heures du soir, on demande ce qui est dû à chacune des sarcleuses.

N° 39.

Une personne a le choix entre 2 étoffes, pour s'acheter une robe. La première a 0 mètre 78 de largeur, et coûte 2 fr. 45 le mètre ; la seconde a 1 m. 12 de largeur, et coûte 3 fr. 25 le mètre. Il faut 12 m. 54 de la première pour une robe ; combien faudra-t-il de mètres de la seconde, et quelle sera la différence entre les prix des 2 robes ?

N° 40.

Il a fallu, pour confectionner une robe, 13 mètres 25 d'une étoffe ayant 0 m. 55 de largeur ; combien en eût-il fallu de mètres, si l'étoffe avait eu 0 m. 87 de largeur ?

N° 41.

Une personne a acheté 3 hectares 25 centiares de terre, dont le prix principal, augmenté de 13,5 p. 0/0, s'est élevé à 12.540 francs : quel est le prix principal d'un hectare ?

CHAPITRE IV

COURRIERS.

Observations.

Les premiers problèmes de ce chapitre sont connus sous le nom de *problèmes des courriers*, et leur *discussion*, c'est-à-dire l'examen des modifications particulières de l'énoncé, est très-intéressante ; mais nous ne pouvons la donner ici, car elle est du domaine de l'algèbre.

Les mouvements dont il est question dans ces problèmes sont supposés *uniformes*, c'est-à-dire qu'on admet que les mobiles ou les corps en mouvements parcourent toujours des espaces égaux pendant des temps égaux, d'où résulte que les espaces parcourus sont proportionnels aux temps employés à les parcourir. On appelle *vitesse*

d'un mouvement uniforme, l'espace parcouru dans l'u-
nité de temps (heure, minute ou seconde). Mais les mouvements réellement uniformes ne se rencontrant presque
jamais dans la pratique, la vitesse donnée est ordinairement une *vitesse moyenne,* c'est-à-dire celle avec laquelle
le mobile devrait marcher, pour parcourir l'espace donné
dans le temps indiqué.

Pour résoudre les problèmes de ce genre, il suffit,
comme l'indique du reste la question convenablement
posée, de voir de combien les deux mobiles se rapprochent
ou s'éloignent pendant l'unité de temps, et cela s'obtient
en faisant la somme ou la différence des vitesses données, suivant que les deux mouvements sont de sens contraire ou de même sens ; le reste de la solution est alors
facile et suffisamment indiqué par la question *proposée.*

Ce qui précède suppose, comme on le voit, les deux
corps en mouvement, et partant en même temps : si l'un
part avant l'autre, comme dans le quatrième exemple, il
faut commencer par tenir compte du chemin fait par ce
premier avant le départ du second.

A ce groupe de problèmes se rapporte celui qui a pour
but de chercher à quelle heure a lieu la première rencontre des aiguilles d'une montre ou d'une horloge, partant
ensemble de douze heures. L'aiguille des minutes faisant
60 divisions du cadran pendant que celle des heures en
fait 5, c'est-à-dire en une heure, les deux aiguilles pendant ce temps se rapprochent de 55 divisions : pour se
réunir, c'est-à-dire se rapprocher de 60 divisions, elles
mettront 60/55 d'heure, ou 1 heure 5 minutes 5/11. Chaque rencontre suivante a aussi lieu 1 heure 5 minutes 5/11
après la précédente.

Les trois derniers problèmes sont tout différents des
premiers; les deux derniers (48 et 49), auraient pu être
rangés parmi ceux de mélange, et la solution la plus
simple consiste à *supposer* qu'il n'y a d'unités que de
l'une des deux espèces, ce qui fournit avec les données
une différence, que l'on détruit *par substitution* d'unités
de l'autre espèce, à un nombre égal d'unités de la pre-

mière. On les nomme généralement règles de *fausse position*, ou mieux de *fausse supposition*.

PROBLÈMES.

Nº 42.

Deux villes situées dans le même hémisphère et sur le même méridien, ont pour latitudes 53° 17', et 41° 45'. On demande : 1° combien de lieues de 25 au degré il y a entre ces deux villes; 2° quelle est la distance de ces deux villes en lieues de 4 kilom.; 3° combien de temps mettraient à se rencontrer deux courriers qui, partis en même temps de ces deux villes, iraient au-devant l'un de l'autre, le premier avec une vitesse de 12 kilom. 2/3 à l'heure, le deuxième avec une vitesse de 15 kilom. 1/4; 4° à quelle distance de la première ville la rencontre se ferait; 5° quelle serait en hectares la surface du carré dont le contour serait égal à la distance de ces deux villes?

Nº 43.

Deux locomotives partent en même temps du point d'intersection de deux voies rectangulaires, avec une vitesse moyenne de 15 kilomètres et de 20 kilomètres par heure. Quel temps leur faudra-t-il pour être à 215 kilomètres l'une de l'autre, et quelle distance chacune d'elles aura-t-elle parcourue?

Nº 44.

Deux convois partent en même temps, l'un de Paris pour Lille, avec une vitesse de 45 kilomètres par heure, l'autre de Lille pour Paris avec une vitesse de de 36 kilomètres par heure. La distance entre les deux villes est de 274 kilomètres : à quel point de la route les deux convois se croiseront-ils?

Nº 45.

Un train de chemin de fer part de Douai à 3 heures et arrive à Lille à 3 heures 45 minutes; un autre part de

Lille à 2 heures 30 minutes et arrive à Douai à 3 heures 15 minutes. A quelle heure se rencontrent-ils?

N° 46.

Une étendue de terrain de 27 kilomètres 56 de longueur sur 17 mètres 50 de largeur, a été expropriée pour l'établissement d'un chemin de fer, à raison d'un prix convenu par are, payable à 15 mois d'échéance. Mais la Compagnie, s'étant acquittée de suite, a obtenu une remise de 6 p. 0/0 par an; de sorte que sur le prix de chaque are, elle a donné 0 fr. 48 de moins que le prix convenu. Combien lui coûte l'are, et combien a-t-elle payé pour le tout?

N° 47.

On veut établir un chemin de fer entre deux villes qui sont séparées par une distance de 288 kilomètres. Les 5/8 de la ligne n'auront qu'une seule voie, 1/3 en présentera deux, et il y en aura trois sur le reste du chemin. On demande le nombre, le poids total, le prix et le volume exprimé en mètres cubes, des rails qu'on devra poser. Ces rails ont 6 mètres de longueur, pèsent 37 kilogrammes par mètre courant, et sont achetés à raison de 26 fr. 50 les 100 kilogrammes; un décimètre cube de fer pèse 7 kilogrammes 7.

N° 48.

Un convoi de chemin de fer contient 143 voyageurs de première et de deuxième classe. Les voyageurs de première classe ont payé 16 francs, ceux de deuxième classe 13 francs. La recette a été de 2.039 francs. On demande le nombre de voyageurs de chaque classe?

N° 49.

On expédie de Rouen à Paris un train de bœufs et de moutons au nombre total de 180. Les bœufs payent par tête et par kilomètre 0 fr. 10; les moutons payent par tête et par kilomètre 0 fr. 02. La caisse du chemin de fer a reçu en payement, pour cette expédition, de la monnaie d'argent au titre de 0,9, en quantité telle que l'argent pur qui s'y trouve, a le même poids que l'esprit de bois contenu dans les 18/25 d'un décalitre. On demande combien il y avait de bœufs et de moutons dans ce train. La distance de Rouen à Paris est de 128 kilomètres. — La densité de l'esprit de bois est 0,8.

CHAPITRE V

FRACTIONS.

Observations.

On a déjà trouvé plusieurs problèmes renfermant des fractions; mais ces nombres n'y figuraient pour ainsi dire qu'accidentellement. Ici, au contraire, ils forment les principales données et quelquefois les seules de l'énoncé. Dans certains cas encore, la question ne renfermant que des nombres entiers, c'est la recherche des nombres *nécessaires* ou *comparables*, qui conduit à les remplacer par des fractions, comme dans le premier exemple.

A propos de ce premier problème, nous croyons devoir signaler un mode de raisonnement faux, mais spécieux, qu'on est généralement tenté d'employer. Si l'on demandait en combien de jours les 2 ouvrières feront un certain nombre de mètres, en travaillant ensemble, on serait tenté de dire : en $8 + 2 = 10$ jours, elles font $3^m +$ $1^m,25 = 4^m,25$; donc en 1 jour elles font 10 fois moins ou $0^m,425$, etc. Ce raisonnement pèche par la base, car le travail total $4^m,25$, n'est pas celui que font en 10 jours les ouvrières travaillant *ensemble*, mais *successivement*, la première 8 jours, la seconde 2 jours.

Le nombre *nécessaire* dans ce cas, *comparable* au nombre total qui serait donné, c'est ce que font *ensemble* les ouvrières dans un même temps, c'est-à-dire leur *travail total par jour*. Ces questions, comme on le voit, se ratta-

chent aux premières du groupe précédent, et n'en diffèrent qu'en ce que les *vitesses* n'étant pas données directement, il faut commencer par les calculer.

La même observation s'applique à plusieurs autres problèmes, notamment à ceux des *fontaines,* et au dernier
de ce groupe, dans lequel il serait inexact de dire que
6 + 4 + 9 ou 19 pommes coûtant 0 fr. 30, une pomme
coûte 19 fois moins, etc. Ici le nombre *auxiliaire,* devant
être *comparable* au nombre demandé, et se composer
comme lui d'un tiers à 6 pour 10 centimes, etc., le plus
simple est de chercher le prix de 3 pommes, dont une à
chacun des prix indiqués, ou encore de prendre des
nombres égaux des trois espèces, soit 18 de chacune pour
simplifier les calculs.

Nous ne répéterons pas ici ce que nous avons dit dans
les observations générales sur le calcul des fractions : il
suffira d'indiquer que le *numérateur* étant le véritable *nombre,* et le *dénominateur* le *nom* des parties, l'addition, la
soustraction et la division, lorsque les *termes* ont le même
dénominateur, se font seulement sur les numérateurs. Pour
la multiplication, où l'on a des *facteurs,* c'est différent ; et
l'on sait qu'il faut *prendre* alors du multiplicande la partie indiquée par le multiplicateur : on a ainsi une *fraction
de fraction,* plus petite que chacun des facteurs.

Les cas où l'on doit faire usage de l'addition, de la
soustraction et de la multiplication sont faciles à apercevoir ; pour la division, il faut l'employer toutes les fois
que, *connaissant une certaine partie d'un nombre, on veut
déterminer ce nombre lui-même.* Or cela se présente très-
souvent, car, dans un grand nombre de questions, la
recherche du nombre inconnu revient à *chercher d'abord
quelle partie un nombre donné est de cet inconnu,* puis à
déterminer celui-ci par la division ou par une règle de
trois.

La *disposition convenable du problème* montre bien
cette marche à suivre. Ainsi le n° 51 se *poserait* ainsi :

Question : La quantité totale de marchandise $= x^{\mathrm{m}}$.

Hypothèse : Si une certaine fraction   — $= 24^{\mathrm{m}}$.

On voit qu'il faut ici chercher d'abord la *fraction* équivalente à 24^m.

Rappelons, en terminant, qu'il est rarement avantageux de réduire les fractions ordinaires en décimales, et d'effectuer les calculs à mesure qu'ils se présentent.

PROBLÈMES.

N° 50.

Une ouvrière brode 3 mètres en 8 jours, une autre 1^m 25 en deux jours. On demande la plus habile, et ce qu'elles feraient si elles travaillaient ensemble?

N° 51.

Une personne a vendu 3/7 de sa marchandise dans une première occasion, 2/5 du reste dans la seconde, de sorte qu'il lui en reste 24 mètres. Combien en avait-elle?

N° 52.

Un marchand a acheté un certain nombre de kilogrammes de marchandise en plusieurs parties, savoir : les 2/7 de ce nombre total de kilogrammes à raison de 1 fr. 15 le gramme; les 3/8 du même nombre à 1 fr. 20 le gramme, et les 4 kilog. 375 qui complètent la totalité à 1 fr. 37 le gramme. Quelle a été la dépense du marchand, et combien doit-il vendre l'hectogramme pour gagner 175 fr. sur la totalité de la marchandise achetée?

N° 53.

On a acheté 27^m 2/3 d'une étoffe qui a 7/9 de mètre de largeur, pour en faire un tapis, et on veut employer de la toile ayant 3/4 de mètre de largeur, pour la doublure. Combien de mètres faudra-t-il en prendre?

N° 54.

Une personne a acheté un certain nombre de mètres d'étoffe; elle a acheté les 2/7 de ce nombre de mètres à raison de 3 fr. 50 le mètre, les 3/8 de ce même nombre de mètres à raison de 4 fr. 20 le mètre, et le reste au prix de 2 fr. 75 le mètre. Le total de la dépense est 175 fr. 50. Combien a-t-elle eu de mètres à chacun des prix indiqués ?

N° 55.

Un marchand a vendu une pièce d'étoffe en 3 coupons : sur le premier, qui représente les 2/7 de la pièce, il gagne 3 fr. 25 ; sur le second, qui représente les 3/5 du reste, il gagne 5 fr. 20 ; sur le dernier, qui a une longueur de 10 mètres, il perd 1 fr. 75. Le tout a été vendu 40 fr. 55. On demande : 1° la longueur de la pièce, 2° le prix d'achat, 3° le gain moyen fait sur chaque mètre ?

N° 56.

Un industriel a acheté une charge de betteraves ; il en emploie une première fois le 1/6, une seconde fois les 2/7, et le 1/5 une troisième fois. Il lui en reste 12 mètres cubes 1/9 : combien de doubles décalitres a-t-il achetés ?

N° 57.

Un célibataire a écrit dans son testament les dispositions suivantes : il donne 1/8 de son bien aux pauvres, 1/5 pour construire une école, 1/10 pour l'église, les 2/7 à sa domestique, et le reste à son neveu ; celui-ci dispose de sa part pour acheter du 3 p. % au cours de 67 fr. 50 et se fait 1200 fr. de revenu. On demande de calculer chacune des parts et la fortune totale.

N° 58.

3 compagnies d'ouvriers se présentent pour entreprendre un ouvrage dont le prix est 854 francs. La première, qui est composée de 25 ouvriers, ferait l'ouvrage en 8 jours 1/2 ; la deuxième, forte de 28 ouvriers, ferait l'ouvrage en 7 jours 2/3 ; la troisième composée de 32 ouvriers, mettrait 6 jours 3/4 pour faire l'ouvrage. Combien ces 3 compagnies mettraient-elles de jours pour faire l'ouvrage ensemble, et combien gagnerait alors un ouvrier de chaque compagnie ?

N° 59.

Trois sœurs achètent une certaine quantité d'étoffe pour se faire des robes. Le prix du mètre est 6 fr. 25, plus 1 décime par franc, à condition qu'on leur accordera un crédit de 3 mois. La première emploie les 2/5 de l'étoffe, les 3/8 sont employés pour la deuxième, et il reste 4ᵐ 50 pour la troisième. Combien ont-elles eu d'étoffe, et quel prix l'ont-elles payée ?

N° 60.

Une personne dépense 1/5 de son revenu pour sa nourriture, 1/4 du reste pour son logement, 1/7 du second reste pour le vêtement, et 2/11 du troisième reste en aumônes. Il lui reste 486 francs à la fin de l'année : quel est son revenu ?

N° 61.

Trois fenêtres sont garnies d'une paire de petits rideaux de mousseline de 1ᵐ 75 de hauteur, et d'une paire de grands rideaux de perse de 2ᵐ 70. La largeur des petits rideaux est la même que celle de la mousseline, mais celle de la perse n'est que les 2/3 de la largeur des grands. La mousseline ayant été payée 0 fr. 75 le mètre, et la perse coûtant 1 fr. 15, on demande le prix qu'on a dû payer pour la garniture des 3 fenêtres.

N° 62.

Un particulier dépense les 3/7 de sa fortune pour l'acquisition d'une propriété, sur laquelle il fait bâtir une maison qui lui coûte les 2/5 de ce qui lui reste. Il loue le tout 1000 francs, et retire ainsi 3 fr. 75 pour °/₀ des sommes qu'il a déboursées. Quel est le prix de la propriété et celui de la maison ?

N° 63.

La circonférence de la roue de devant d'une voiture est les 3/5 de la circonférence de la roue de derrière, et quand la voiture parcourt 1470 mètres, la roue de devant fait

280 tours de plus que la roue de derrière. Quelles sont les circonférences des deux roues?

N° 64.

Trouver un nombre dont les 2/5 soient inférieurs au nombre 460, d'autant d'unités que ses 3/4 sont supérieurs à ce nombre.

N° 65.

37 mètres 4/7 d'une étoffe qui a 1ᵐ 2/3 de largeur, ont été payés 126 fr. 40. Combien payera-t-on 22ᵐ 7/8 d'une autre étoffe de même qualité, qui aurait 5/8 de mètre de largeur?

N° 66.

La différence de deux nombres est 12, et le premier contient 2/5 trois fois autant que le second contient 10/11. Quels sont ces nombres?

N° 67.

Une personne avait un certain nombre de mètres d'étoffe : elle en a cédé les 3/8 dans une première occasion, les 5/7 du reste dans une seconde, et les 48 mètres qui lui restaient dans une troisième occasion : combien avait-elle de mètres?

N° 68.

Une personne avait un certain nombre de mètres d'étoffe, dont elle a vendu les 3/7 dans une première occasion; dans une seconde, elle a vendu 13 mètres de plus que les 5/8 de son reste, de sorte qu'il ne lui reste plus que les 2/15 de ce qu'elle avait de marchandise. Combien en avait-elle?

N° 69.

Une personne a acheté un certain nombre de mètres d'étoffe pour 95 fr. 31; si elle avait eu 4 mètres de moins que les 7/9 du nombre qu'elle a pris, elle n'eût payé que 68 fr. 13. Combien a-t-elle acheté de mètres et à quel prix?

N° 70.

Un terrain est divisé en deux parties inégales dont la différence est de 29 ares, 6530; les 7/9 de la première partie égalent les 10/11 de la seconde. On demande le prix du terrain tout entier et de chacune des parties, sachant que l'hectare vaut 9.876 fr.

N° 71.

D'un vase plein d'eau, on retire le tiers plus le quart de ce qu'il contient, et il y reste le septième de ce qu'on a retiré, plus 16 litres. On demande : 1° quelle est la capacité de ce vase; 2° quelle est la valeur de la monnaie d'argent qui aurait le même poids que l'eau contenue d'abord dans le vase?

N° 72.

Une horloge mise à l'heure le 1er du mois à 5 h. 3/4 du matin, avance régulièrement de 2 minutes 3/7 en 24 heures. Quelle heure indiquera-t-elle à 9 h. 1/2 du soir le 14 du même mois ?

N° 73.

Une personne a cultivé les 2/5 de ses terres en blé, le 1/3 en avoine, et les 15 hect. 8456 qui restent, en betteraves. Le bénéfice qu'elle fait par hectare est, pour la récolte de blé les 3/4, et pour la récolte d'avoine les 7/9 de celui qu'elle fait par hectare sur la récolte de betteraves. Son bénéfice total étant 6.548 fr. 75, trouver le bénéfice qu'elle fait par hectare pour chaque espèce de récolte.

N° 74.

Le tiers d'un bassin est actuellement rempli d'eau. En ce moment on fait fonctionner : 1° une fontaine qui y verse son eau, et qui le remplirait tout entier en 4 h. 2/3, si elle coulait seule; 2° une pompe qui retire de l'eau du bassin, et qui le viderait en 5 h. 3/4 s'il était complétement rempli, et si elle agissait seule. Combien faudra-t-il d'heures, minutes, secondes, pour que le bassin se remplisse d'eau?

N° 75.

Une personne achète un lot de marchandises contenant 125ᵐ de soie, 142ᵐ de mérinos, 180ᵐ de jaconas, pour la somme de 2.372 francs. Le prix du mètre de mérinos est les 3/5 de celui du mètre de soie, et le prix du jaconas le 1/4 du prix du mérinos. Vu l'état de la saison, la personne doit perdre 7 p. 0/0 sur le prix du jaconas ; elle peut vendre le mérinos à 15 p. 0/0 de profit : à quel prix doit-elle vendre le mètre de soie pour gagner 12 p. 0/0 sur le prix total du lot de marchandises ?

N° 76.

On a eu pour 79 francs, 4 mètres de toile, 7 mètres de mérinos, 8 mètres de soie. On sait que 3 mètres de toile valent autant que 2 mètres de mérinos ; 5 mètres de mérinos valent 4 mètres de soie. Quel est le prix de chaque mètre d'étoffe ?

N° 77.

Une personne a loué 5 hect. 2772 au prix de 62 francs la mesure du pays, contenant 42 a. 91. Elle dépense pour engrais, ensemencement, labour et main-d'œuvre, 243 fr. 75 par hect. ; la récolte est vendue avec un bénéfice dont la moitié est versée au bureau de bienfaisance, et on trouve que la partie qui reste de ce bénéfice est encore les 7/54 du prix total de la vente. Trouver le prix de vente de la récolte.

N° 78.

Un bassin a été rempli en 5 jours 7 heures 23 minutes au moyen d'une prise d'eau dont la dépense était de 7 hectol. 1/3 en 2 heures 47 minutes. Une machine à vapeur de la force de 5 chevaux puise ensuite l'eau de ce bassin, et l'élève à une hauteur de 9 m. 37. On demande le temps que mettra la machine à vider ce bassin.

Nota. — Le cheval-vapeur est le travail nécessaire à une force pour élever un poids de 75 kilogrammes, à la hauteur d'un mètre dans l'intervalle d'une seconde, et on admet qu'un litre d'eau pèse 1 kilogramme.

N° 79.

Une marchande a acheté une certaine quantité de pommes : elle en a payé un tiers à raison de 6 pour 0 fr. 10, un autre tiers à 4 pour 0 fr. 10, et le dernier tiers à 9 pour 0 fr. 10. Elle revend le tout à raison de 6 pour 0 fr. 11, et gagne 0 fr. 32 sur son marché : combien avait-elle acheté de pommes ?

CHAPITRE VI

INTÉRÊT SIMPLE.

Observations.

Les règles de trois se rencontrant dans toutes les questions, même quand il s'agit d'une simple multiplication ou division, il était inutile d'en faire un chapitre à part ; mais l'application de ces règles aux questions d'intérêt, mérite un examen particulier.

Chacun sait que l'on nomme *intérêt*, le *loyer* de l'argent prêté ou placé ; que cet intérêt dépend de la somme prêtée, de l'intérêt de 100 francs par an, et de la durée du prêt, qui portent les noms respectifs de *capital, taux* et *temps*, et qu'enfin l'intérêt varie en rapport direct avec chacune de ces quantités.

Les règles d'intérêt renferment trois espèces différentes de grandeurs, réunies par *couples homogènes :* deux *capitaux* dont l'un est 100 francs, deux *temps* dont l'un est ordinairement l'année, et deux *intérêts* dont l'un, nommé *taux*, est ordinairement l'intérêt de 100 francs par an. On voit que ces questions sont des règles de trois *composées*, puisqu'il y a cinq nombres connus.

La règle devient *simple* quand on cherche, au moyen d'un *taux* donné :

1.º Combien 100 francs rapporteraient d'intérêt dans un temps donné, 3 ans par exemple ;

2° Après combien de temps 100 francs rapportent un certain intérêt, 20 francs je suppose;

3° Enfin quel est le capital qui produirait tant d'intérêt par an, soit 30 francs (1).

Résolvons ces trois exemples, en supposant chaque placement fait à 5 p. 0/0 par an.

Il est évident que dans le premier cas, où il s'agit de trouver l'intérêt x de 100 francs en 3 ans, à 5 p. 0/0,

l'int. x contient 5 fr.	autant de fois que	3 ans contiennent 1 an;

ou, en écrivant plus simplement, au moyen des signes connus pour la division et l'égalité,

$$\frac{x}{5^f} = \frac{3 \text{ ans}}{1 \text{ an}}.$$

Cette dernière expression a tout à fait le même sens que la précédente, et il est bon de s'exercer à les remplacer l'une par l'autre, c'est-à-dire à traduire la seconde en langage ordinaire en lui donnant l'énoncé de la première, et réciproquement de préparer l'écriture de la dernière par l'énoncé de la première.

L'expression ainsi écrite, sous la forme de deux divisions, donnant *deux rapports* ou *quotients égaux*, s'appelle *proportion*, et peut encore se mettre sous forme de multiplication, en remarquant que :

$$x \text{ contient ou} = 5^f \textit{ pris } 3 \text{ fois, ou } 5^f \times \frac{3}{1},$$

c'est-à-dire, $x = 5^f$ *pris* autant de fois que 3 *ans* contiennent 1 *an*.

En raisonnant de même pour la seconde question, on trouve facilement que

le temps t contient 1 an	autant de fois que	20^f d'int. contiennent 5$_f$ d'int.

1. Une 4° question, très-simple, consisterait à *chercher le taux*, 1° pour qu'un capital donné rapporte un intérêt annuel déterminé; 2° pour que 100 fr. rapportent un intérêt donné après un nombre indiqué d'années; les deux cas conduisent à une simple division.

ou plus simplement :

$$\frac{t}{1 \text{ an}} = \frac{20^f}{5^f},$$

ou enfin :

$$t = 1 \text{ an} \times \frac{20}{5}, \text{ ou } 1 \text{ an} \times 4.$$

Dans le 3ᵉ exemple, on trouvera le capital cherché en remarquant que :

le cap. *a* contient 100 fr.	autant de fois que	30ᶠ d'int. contiennent 5ᶠ d'int.

ce qui peut s'écrire :

$$\frac{a}{100^f} = \frac{30_f}{5^f},$$

et donne pour réponse :

$$a = 100^f \times \frac{30}{5}, \text{ ou } 100^f \text{ } pris \text{ 6 fois.}$$

La *théorie des proportions* conduit aux résultats précédents, mais d'une façon plus savante : en s'appuyant sur ce que *le produit des extrêmes égale celui des moyens*, ou encore en *chassant le dénominateur du premier rapport*.

Remarquons que la simplification vient de ce qu'une espèce de grandeur disparaît de la solution : le nombre qui l'exprime dans la question étant le même que dans les données, il n'y a pas lieu de s'en occuper, puisque cette espèce de grandeur n'influe pas sur le résultat. Nous avons conservé l'unité représentant l'année, afin de pouvoir tout à l'heure résumer la solution dans une seule règle.

La question générale la plus simple et la plus ordinaire, consiste à calculer l'intérêt d'un capital donné, placé pendant un temps et à un taux déterminés. Elle paraît se compliquer un peu, lorsque le *temps* est exprimé en mois ou en jours; mais cela ne change rien à la solution, en ayant soin d'exprimer, dans l'hypothèse, l'année par

12 mois ou 360 jours, nombre admis pour simplifier les calculs, comme on le verra plus loin.

Pour résoudre les questions de ce genre et même toutes les règles de trois, nous engageons les candidats à écrire le problème tout entier sur deux lignes, en plaçant la *question proposée* dans la première ligne, et l'inconnue *x* à la fin. L'*hypothèse* sera alors placée au-dessous (comme l'indique son nom), en ayant soin que les nombres *de même espèce* soient les uns sous les autres, et réciproquement, c'est-à-dire que les nombres superposés soient *comparables*.

Cette disposition présente des avantages qu'il suffira d'indiquer.

Si l'on opère par la *méthode de l'unité*, le problème étant ainsi écrit, une série de lignes sera consacrée à l'*analyse*, c'est-à-dire à *réduire à l'unité* tous les nombres de l'hypothèse, excepté le dernier, ce qui fera varier cet homogène de *x* d'une manière facile à apercevoir ; la *synthèse* sera la répétition des nombres donnés dans la question, chacun dans une ligne spéciale, et ceux-ci, comparés aux unités placées au-dessus, montreront aussi facilement les nouveaux changements de l'*homogène* de *x* : enfin ces modifications, indiquées comme les précédentes dans une dernière ligne, fourniront la valeur de l'inconnue.

Proposons-nous par exemple de *chercher le capital qui, placé 15 mois à 6 p. 0/0 par an, a rapporté 30 fr.*

En disposant le tout comme il vient d'être dit, nous aurons le tableau suivant :

Quest. prop. : Pour rap. 30^f en 15 mois, il faut *x*^{f} de cap.

Hypothèse : si — 6 en 12 — 100^f. —

Analyse. {
— 1 — 12 — 6 fois moins.
— 1 — 1 — 12 fois plus.

Synthèse. {
— 30 — 1 — 30 fois plus.
— 30 — 15 — 15 fois moins.

Rép. $x = \dfrac{100^f \times 12 \times 30}{6 \times 15}$, ou $x = 100^f \times \dfrac{30}{6} \times \dfrac{12}{15}$.

L'*analyse* et la *synthèse* peuvent être réduites chacune à une ligne, dans l'écriture du tableau ci-dessus; mais chaque changement de nombre doit être accompagné d'une ligne entière de raisonnement *oral*, suivi immédiatement de l'écriture du nombre remplacé ou du nouveau nombre, dans l'expression du résultat, en ayant soin de placer ce nombre au dividende ou au diviseur, selon que l'espèce de l'inconnue varie en rapport direct ou en rapport inverse avec l'espèce de grandeur sur laquelle on raisonne actuellement.

Au lieu de faire comme ci-dessus l'*analyse* complète, c'est-à-dire la *réduction à l'unité* de tous les nombres à remplacer, avant de passer à la *synthèse* ou aux nombres donnés dans la question, il est peut-être préférable de faire de suite, sur chaque espèce de grandeur, les deux changements nécessaires pour remonter, par l'intermédiaire de l'unité, du nombre donné dans l'hypothèse au nombre donné dans la question : les deux nombres de même espèce se trouveront alors superposés dans le résultat, comme ils le sont dans le problème convenablement *disposé*.

Le tableau suivant, auquel peut se réduire la solution de toutes les règles de trois, quelque *composées* qu'elles soient, a été obtenu par ce moyen :

Quest. prop. : Pour rap. 30^f en 15 mois, il faut x de cap.
Hypothèse : si — 6 en 12 — 100 —
Analyse : — 1 — 1
Synthèse : — 30 — 15

Rép. $x = \dfrac{100^f \times 12 \times 30}{6 \times 15}$, ou $x = 100^f \times \dfrac{30}{6} \times \dfrac{12}{15}$.

Il est bien entendu que les calculs de la dernière ligne doivent être indiqués à mesure des changements faits dans les précédentes, et qui donnent lieu à ces calculs : ils ont généralement pour but de rendre un *quotient*, ou mieux une *part*, un certain nombre de fois plus grand (ou plus petit) ; et l'on sait que ce changement s'obtient en multipliant par ce nombre le dividende (ou le diviseur).

En comparant le résultat aux données, on voit qu'il peut être regardé comme le produit de 100 francs par les *rapports* ou *quotients* $\frac{30}{6}$ et $\frac{12}{15}$.

Ces deux derniers nombres sont les *rapports* des intérêts pris *directement*, c'est-à-dire dans l'ordre où ils sont écrits, et des *temps* pris en ordre *inverse* ou en remontant. Comme d'ailleurs le capital varie en *rapport direct* avec la première de ces deux espèces de grandeurs, et en *rapport inverse* avec la seconde, on voit que *l'inconnue s'obtient en multipliant la quantité de même espèce par les rapports directs des grandeurs avec lesquelles elle varie en rapport direct, et par les rapports renversés des grandeurs avec lesquelles elle varie en rapport inverse.*

La simplicité de cette règle résulte de la disposition que nous avons indiquée, quelle que soit d'ailleurs la place donnée à l'inconnue dans la première ligne (1).

De plus, en désignant le capital par a, le taux par i (intérêt de 100 francs par an), le temps par t (exprimé en années ou fraction d'année), et l'intérêt par R (rente), la question ci-dessus donne, pour tous les problèmes analogues, la formule

$$R = \frac{ait}{100}, \text{ d'où } a = \frac{100\,R}{it}, \ i = \frac{100\,R}{at}, \ t = \frac{100\,R}{ai}.$$

Les trois dernières se tirent facilement de la première,

----

(1) En la plaçant en tête, dans une règle de trois *simple*, on peut écrire que son rapport à la quantité connue de même espèce est égal au rapport direct ou renversé des quantités de l'autre espèce, selon que les grandeurs varient en rapport direct ou en rapport inverse, comme le montrent les trois premiers exemples ci-dessus; dans une règle de trois *composée*, ce premier rapport égale le produit des rapports directs ou renversés des quantités des autres espèces, selon qu'elles sont liées à la première par des rapports directs ou inverses : enfin dans les deux cas, on obtient l'inconnue en *chassant son dénominateur*, c'est-à-dire en multipliant les deux membres de l'égalité par ce dénominateur, ou, pour parler plus exactement, en multipliant ce *dénominateur*, *concret*, et de l'espèce cherchée, par le *rapport* des quantités de l'autre espèce, *abstrait*, comme l'est toujours le multiplicateur.

en multipliant de part et d'autre par 100, puis divisan[t] le produit 100 R par les deux quantités connues; mai[s] on peut aussi les obtenir en résolvant directement l[a] question dont elles donnent le résultat.

Chaque formule exprime comment la quantité qui [y] est calculée, varie avec les autres : car *une fraction vari[e] en rapport direct avec son numérateur, et en rapport inverse avec son dénominateur ;* ou bien, dans une division, le *quotient ou la part varie en rapport direct avec le dividende, et en rapport inverse avec le diviseur.*

PROBLÈMES.

N° 80.

A quel taux faut-il placer une somme de 4.258 francs, pour que l'intérêt soit, au bout de 4 ans 4 mois, 1.268 francs?

N° 81.

Trouver le capital qu'il faudrait placer à 4 0/0 par an pour avoir, au bout de 6 ans 4 mois, 2.654 francs d'intérêt.

N° 82.

Un capital placé à 3 0/0 pendant 4 ans et 2 mois est devenu 420 francs, capital et intérêt réunis. Quel est l'intérêt? Quel est le capital?

N° 83.

Quel est le capital qui, avec les intérêts à 5 1/2 p. 0/0, est devenu 253 francs 45, au bout de 8 mois 11 jours?

N° 84.

Une personne achète une maison; elle paye immédiatement, pour frais de contrat et autres, 13 1/2 p. 0/0 du prix principal; au bout de 3 ans 5 mois, elle paye le prix principal et ses intérêts à raison de 5 p. 0/0. Elle se trouve ainsi avoir déboursé en tout 17.454 fr. 35 : dire le prix net de la maison.

N° 85.

Le chemin de fer d'Orléans a expédié pour Paris, en juillet 1868, une quantité de groseilles et de cerises dont le prix de vente, placé à 4 3/4 p. 0/0 pendant 30 jours, deviendrait, capital et intérêts compris, 86.842 fr. 45. Le kilogramme de groseilles ou de cerises étant estimé en moyenne 0 fr. 16, on demande le nombre de kilogrammes de groseilles et de cerises expédiés en moyenne chaque jour pendant le mois de juillet ?

N° 86.

Une somme ayant été placée pendant 7 ans, 8 mois, 17 jours, on a reçu au terme fixé, pour remboursement du capital et des 5/8 de l'intérêt simple, qui n'avaient pas été payés, une somme de 9.642 fr. 75. On sait que le capital et son intérêt pour 1 an et 20 jours, sont dans le rapport de 39 à 2. Trouver le capital prêté et le taux de l'intérêt.

N° 87.

Une personne place le 1/4 de sa fortune à 3 p. 0/0, les 2/5 à 4 p. 0/0, et le reste à 5 p. 0/0; au bout de 6 mois, elle retire pour les intérêts réunis de ces trois parties 615 francs. On demande de déterminer le capital placé à chacun des taux indiqués, et par suite, le capital tout entier.

CHAPITRE VII

ESCOMPTE.

Observations.

L'escompte, on le sait, est la remise faite sur le montant d'une facture payée comptant, ou la retenue exercée par un banquier sur le montant d'un effet (billet à ordre ou traite), dont l'échéance est plus ou moins éloignée, et dont il se charge de faire le recouvrement.

Le premier porte le nom d'*escompte de facture*, et ne présente aucune difficulté, car il se calcule à *tant pour cent*, en divisant par 100 le montant de la facture, puis multipliant le résultat par le taux donné, nombre entier ou fraction.

L'*escompte d'effets* se calcule comme l'intérêt simple de la valeur portée sur l'effet, et qu'on appelle sa *valeur nominale*, pour le temps à courir jusqu'au jour de l'échéance.

Ce temps étant exprimé en jours, on regarde l'année comme composée de 360 jours : de sorte que le nombre de jours peut être représenté par $\frac{n}{360}$ d'année. En mettant cette fraction à la place de t dans la première formule relative à l'intérêt (p. 51).

$$R = \frac{ait}{100},$$

elle devient

$$E = \frac{ai \times n}{100 \times 360}, \text{ ou } \frac{ain}{36000}$$

Le taux i étant ordinairement 6 dans le commerce, on simplifie ce résultat en divisant le dividende et le diviseur par le taux, ce qui donne

$$E = \frac{an}{6000}, \text{ quand le taux est 6}$$

et

$$E = \frac{an}{36000 : i}, \text{ ou } \frac{an}{d}, \text{ quel que soit le taux.}$$

Le produit $a \times n$ de la valeur nominale du billet par le nombre de jours à courir jusqu'à son échéance, a reçu le nom singulier de *nombre* (1), synonyme de *numérateur*, et le quotient d de 36.000 par le taux, celui de *diviseur*.

1. Ces produits ou *nombres* sont les *capitaux fictifs* qui, pour 1 jour, donneraient le même intérêt ou le même escompte que le *capital réel* pour son nombre exact de jours. Cette multiplication rend *comparables* des sommes payables dans des *temps différents*; et l'on opère de même dans les *Règles de Société* (p. 66, 3°).

Ainsi l'escompte d'un billet s'obtient en divisant le *nombre* par le *diviseur* convenable (6.000 si le diviseur est 6 ; 7.200 si le diviseur est 5, etc.). De sorte que pour avoir l'escompte total de plusieurs effets au même taux, on en fait les *nombres,* et on divise la somme de ces *nombres* par le *diviseur* correspondant au taux indiqué.

La question de l'*échéance moyenne* a pour but, comme l'indique son nom, de remplacer le payement de plusieurs effets, a, a', a'', ayant des échéances différentes, à n, n', n'', jours par un seul payement égal à la somme des effets considérés (1). L'échéance unique doit être fixée à un nombre x de jours tel, que l'escompte du billet unique, dont la valeur doit être $a + a' + a''$, soit égal à la somme des escomptes des effets donnés ; c'est-à-dire qu'on doit avoir

$$\frac{(a + a' + a''...) x}{d} = \frac{an + a'n' + a''n''}{d}...$$

Cela exige évidemment que le *nombre* du billet unique soit égal à la *somme des nombres* des billets donnés, ou que

$$(a + a' + a''...) x = an + a'n' + a''n''...$$

$$\text{d'où } x = \frac{an + a'n' + a''n''...}{a + a' + a''...}$$

C'est-à-dire que l'échéance moyenne s'obtient en divisant la somme des nombres des effets donnés par la somme des valeurs nominales.

L'escompte dont nous avons parlé jusqu'ici est l'*escompte commercial,* et il est facile de voir qu'il est trop grand, car le banquier retient l'intérêt de toute la valeur nominale du billet, c'est-à-dire non-seulement l'intérêt de la somme qu'il avance, mais encore celui de la partie qu'il retient. L'*escompte rationnel* consisterait à ne retenir que l'intérêt de la somme avancée, c'est-à-dire

(1) Par ce moyen, les échéances les plus rapprochées seront retardées, et les plus éloignées seront avancées : la condition à remplir, c'est que le *retard* des unes soit compensé par l'*anticipation* des autres, comme on en verra un exemple très-simple au 3e problème des escomptes. (2e partie, ch. VII).

de la *valeur actuelle* du billet ; et pour montrer la différence de cet escompte au précédent, remontons à l'opération qui donne lieu à la création de l'effet.

La plupart des maisons de commerce accordant à leurs clients un certain crédit, le plus souvent l'acheteur remet au vendeur un *billet à ordre*, payable à l'expiration du crédit, et dont le montant est celui même de l'achat ; ou bien le vendeur fait sur l'acheteur une *traite* ou un *mandat* à la même échéance et pour la même somme. Si l'acheteur ne veut pas profiter du crédit, c'est-à-dire paye comptant, le vendeur lui fait une remise ou *escompte de facture*, dont nous avons parlé en commençant.

Mais supposons, pour plus de clarté, une vente de 2.000 francs, valeur au comptant, et sur laquelle l'acheteur obtient 3 mois de crédit, à raison de 6 p. 0/0 d'intérêt par an, ou de 1/2 p. 0/0 par mois : à l'expiration du crédit, il devra payer, outre les 2.000 francs, l'intérêt de cette somme pour 3 mois à 0 fr. 50 par mois, c'est-à-dire 1 fr. 50 pour 100 francs, ou 1 fr. 50 $\times$ 20 ou 30 fr. d'intérêt ; de sorte que le montant de l'effet (billet à ordre ou traite), sera de 2.030 francs. Ce nombre est la *valeur nominale*, et 2.000 francs est la *valeur actuelle*, au moment de la création de l'effet.

Supposons, en outre, que le même jour, le vendeur négocie ou fasse escompter cet effet à 6 p. 0/0 par an : le banquier retiendra l'intérêt de la valeur nominale pour 3 mois ou 90 jours, c'est-à-dire $\dfrac{2030 \times 90}{6000} = 30$ fr. 45, ou 0 fr. 45 de plus que l'intérêt de la valeur actuelle.

Ces 0 fr. 45 sont bien l'intérêt des 30 francs, que le banquier devrait seulement retenir.

Pour avoir l'escompte rationnel (30 fr.) ou la valeur actuelle (2.000 fr.), il faut former un *nombre comparable* à la valeur nominale, c'est-à-dire ajouter à 100 francs son intérêt pour 3 mois à 6 p. 0/0, ce qui donnerait 101 fr. 50, puis comparer la valeur nominale à ce nombre auxiliaire, en résolvant l'une des deux questions suivantes :

1° . . . . 2.030 à 3 mois valent actuellement x,
sachant que 101 fr. 50. . . . . 100 fr.

2° . . . . sur 2.030 à 3 mois, l'escompte est x,
sachant que sur 101 fr. 50. . . . . . . 1 fr. 50.

On voit que cette manière d'opérer a pour résultat de faire disparaître de la solution le temps indiqué, avec lequel ni l'escompte ni surtout la valeur actuelle ne varient en rapport direct.

La complication des calculs nécessaires dans ce cas explique pourquoi l'escompte commercial est seul employé en faveur des banquiers. La loi leur accorde un autre avantage; car quoique l'année soit comptée de 360 jours, chaque mois est compté pour son nombre exact de jours, et l'on a des tableaux donnant facilement le nombre de jours compris entre deux dates quelconques.

En résumé, *l'escompte commercial est l'intérêt de la valeur nominale,* et *l'escompte rationnel celui de la valeur actuelle.*

PROBLÈMES.

N° 88.

Une personne a acheté du sucre et du café. On lui a fait une remise de 5 p. 0/0 sur le prix parce qu'elle payait comptant, de sorte qu'elle a déboursé 57 fr. 76. Le nombre des kilogrammes de sucre est au nombre des kilogrammes de café dans le rapport de 4 à 3, et le prix du kilogramme de sucre est les $\frac{7}{18}$ de celui du café. Combien a-t-elle eu de kilogrammes de chaque espèce (en supposant que le café coûte 1 fr. 80 le kilogramme).

N° 89.

Une personne a acheté du café, du sucre et du thé, pesant ensemble 347 kilogrammes, dont elle peut acquitter le prix à sa volonté, ou par un billet de 1.024 francs sans intérêt, payable dans 4 mois, ou au comptant moyennant une remise de 19 fr. 50 sur cette somme. Le nombre de

3.

kilogrammes de thé est les 3/5 du nombre de kilogrammes de café, qui est les 5/8 du nombre de kilogrammes de sucre. On sait en outre que 2 kilogrammes de thé valent autant que 7 kilogrammes de café, et que 3 kilogrammes de café valent 5 kilogrammes de sucre. Trouver le nombre de kilogrammes de chaque denrée et son prix, et le taux de l'escompte.

N° 90.

Une personne, en achetant une certaine quantité de marchandise, est laissée libre de s'acquitter au moyen d'un billet de 7.308 francs, intérêt compris, payable à 90 jours, ou de payer comptant avec remise de 1/2 p. 0/0 sur le prix d'achat. Comme elle peut trouver un emprunt au taux de 5 p. 0/0 par an, elle préfère ce dernier mode, qui lui donne un bénéfice de 54 francs sur la somme ci-dessus. A quel taux évalue-t-on l'intérêt du billet qu'on lui permettait de créer?

CHAPITRE VIII

INTÉRÊTS COMPOSÉS. — ANNUITÉS. AMORTISSEMENT.

Observations.

On dit qu'une somme est placée à *intérêts composés* lorsque, chaque année, l'intérêt se joint au capital pour produire lui-même intérêt pendant l'année suivante. De manière qu'une règle d'intérêts composés se résout au moyen d'autant de règles d'intérêt simple qu'il y a d'années. Le dernier problème du groupe suivant en offre un exemple.

Mais on peut calculer ce que devient 1 franc après le nombre d'années indiqué, puis multiplier ce résultat par le capital placé.

Il est facile de voir que

1 franc à 5 p. 0/0 devenant 1 fr. 05 au bout d'un an,

Ce capital placé pendant la deuxième année devient
1 fr. 05 × le capital 1 fr. 05 ou 1 fr. 05 × 1 fr. 05
= 1 fr. 05² ;

Que ce capital pendant la troisième année devient
1 fr. 05 × 1 fr. 05² ; ou 1 fr. 05³, etc. :

C'est-à-dire que 1 franc à intérêts composés devient
après 2 ans 1 fr 05², et après 3 ans 1 fr. 05³, etc.

Un capital quelconque, 1.000 francs par exemple,
deviendrait au bout de deux ans 1.000 × 1 fr. 05², et
au bout de 3 ans 1.000 × 1 fr. 05³, etc.

En désignant par a le capital placé, par r le taux pour
1 franc ou l'intérêt de 1 franc par an, par n le nombre
d'années, et enfin par A ce que devient capital et intérêts,
le capital primitif a, on a la formule

$$A = a (1 + r)^n, \text{ d'où } a = \frac{A}{(1 + r)^n}.$$

Telles sont les deux questions les plus simples pour les
intérêts composés ; celles qui ont pour but de calculer le
taux r, ou le nombre d'années n, ne peuvent être résolues
facilement que par l'emploi des logarithmes. Les deux
premières mêmes sont assez longues quand le nombre
d'années est un peu grand ; mais on a des tableaux qui
donnent immédiatement les puissances de $(1 + r)$, et il
suffit alors, pour avoir la valeur finale, de multiplier le
capital primitif, et pour avoir celui-ci, de diviser la valeur
finale, par la puissance de $(1 + r)$ qui convient à la question.

De plus, quand il y a, outre le nombre d'années, une
fraction d'année exprimée en mois ou en jours, on opère
comme on vient de le dire pour le nombre indiqué d'années, puis on calcule l'intérêt du capital ainsi obtenu
pour la fraction d'année indiquée. Enfin, quelquefois les
intérêts se capitalisent par semestre ou par trimestre :
cela ne change rien au raisonnement ni à la formule, si
ce n'est que le taux r devient la moitié ou le quart du
taux par an, et que le nombre n de périodes devient double ou quadruple du nombre d'années.

Annuités. — Amortissement.

On nomme *annuités* des sommes égales placées ou versées chaque année, ordinairement pour éteindre ou *amortir*, en un nombre donné d'années, une dette contractée antérieurement.

Ces questions se rattachent aux règles d'intérêts composés, car on suppose que le capital primitif à amortir a été emprunté à intérêts composés, et l'on cherche d'abord ce qu'il devient, capital et intérêts réunis, à la fin du nombre d'années considéré, par la formule

$$A = a (1 + r)^n$$

On obtient ainsi ce qu'on devrait payer *en une seule fois* au bout du temps donné ; mais comme chaque année on verse une certaine annuité, il faut tenir compte des intérêts composés des annuités versées par anticipation.

Pour cela, on cherche quelle somme on aurait au bout du temps n, en plaçant 1 franc chaque année à intérêts composés.

D'abord le premier franc placé à la fin de la première année, reste placé $n - 1$ années, et devient à l'époque du réglement $(1 + r)^{n-1}$; de même 1 franc, payé à la fin de la deuxième année, devient $(1 + r)^{n-2}$, et ainsi des autres ; enfin, l'avant-dernier placement, fait un an avant l'époque finale, produit $1 + r$, et le dernier ne produit aucun intérêt.

En résumé, en plaçant ainsi 1 franc à la fin de chaque année, on a au bout de n années

$$(1 + r)^{n-1} + (1 + r)^{n-2} .. + (1 + r)^2 + (1 + r) + 1$$

Ces nombres sont les puissances de $(1 + r)$, qu'on trouve dans les tables dont nous avons déjà parlé : on peut donc les y chercher et en faire la somme. On peut aussi obtenir cette somme en remarquant que ces puissances de $(1 + r)$ forment, à partir de la droite, une progression géométrique croissante, dont le premier terme est 1 et la raison $(1 + r)$.

En appliquant à cette progression la formule

$$S = \frac{lq - a}{q - 1}.$$

qui signifie que, pour avoir la somme des termes, il faut multiplier le dernier terme l par la raison q, retrancher du produit le premier terme a, et diviser le reste par l'excès de la raison sur l'unité, on trouve ici

$$S = \frac{(1 + r)^{n-1} \times (1 + r) - 1}{(1 + r) - 1} = \frac{(1 + r)^n - 1}{r}$$

Il est évident que toute autre annuité, x par exemple, donnerait au bout du même temps une somme x fois plus forte, ou

$$x \times \frac{(1 + r)^n - 1}{r};$$

c'est-à-dire qu'on doit avoir dans le cas supposé d'un amortissement,

$$x \times \frac{(1 + r)^n - 1}{r} = a\,(1 + r)^n \text{ ou } A;$$

d'où $x = a\,(1 + r)^n : \dfrac{(1 + r)^n - 1}{r} = \dfrac{ar\,(1 + r)^n}{(1 + r)^n - 1}$

Remarquons, en terminant, que la question d'annuité peut être tout à fait distincte de la question d'amortissement, comme dans le second des exemples suivants. En outre, dans le cas d'un emprunt à amortir, les annuités peuvent être versées *entre les mains d'un tiers,* (autre que le prêteur) : cela conduira au même résultat si les deux taux sont égaux. Enfin, les versements égaux peuvent être faits tous les semestres, tous les trimestres ou même tous les mois : si les intérêts se capitalisent après chacune de ces périodes, le raisonnement ci-dessus peut encore s'appliquer, en le modifiant comme nous l'avons indiqué à propos des intérêts composés.

On trouve dans l'*Annuaire du Bureau des Longitudes* (prix 1 fr. 50), des tables très-commodes pour résoudre toutes ces questions : on pourra s'en servir pour vérifier les résultats calculés directement.

PROBLÈMES.

N° 91.

On a emprunté une somme de 6.000 francs à intérêts composés à 4 p. 0/0, pendant 2 ans 7 mois et 10 jours. Au bout de ce temps, l'emprunteur veut acquitter sa dette, et il donne en paiement : 1° 4.500 francs en argent comptant ; 2° un billet de 800 francs payable dans 8 mois et 10 jours ; 3° un billet payable dans 9 mois 20 jours. Le taux de l'escompte étant 6 p. 0/0, quel doit être le montant du second billet ?

N° 92.

Un ouvrier fait 345 francs d'économie par an ; il les place à la fin de chaque année à intérêts composés à 4 1/2 p. 0/0 par an. On demande quel sera le montant de ses économies à la fin de la 15ᵉ année.

N° 93.

Une personne a emprunté 12.650 francs à intérêts composés à 4 p. 0/0 d'année en année, et elle veut amortir le capital et ses intérêts au moyen de 6 paiements égaux faits à la fin de chaque année. Quelle doit être la quotité de chaque annuité ?

CHAPITRE IX

PARTAGES PROPORTIONNELS.

Observations.

On dit que *des nombres d'une certaine espèce sont* PROPORTIONNELS *à d'autres nombres, lorsque le rapport de deux des premiers est le même que celui des deux nombres correspondants de la deuxième espèce,* c'est-à-dire lorsque ces quatre nombres peuvent former une *proportion ;* et c'est dans le même cas qu'on dit que *deux espèces de grandeurs sont directement proportionnelles ou varient en rap-*

port direct. Ainsi deux nombres 28 et 20, dont le rapport 28/20 égale celui de 7 à 5, sont proportionnels à 7 et 5 ; de même deux nombres inconnus x et y seront proportionnels à 7 et 5 s'ils donnent lieu à la proportion

$$\frac{x}{y} = \frac{7}{5}$$

Mais on tire facilement de cette égalité, en multipliant les deux membres par y et les divisant par 7, une nouvelle égalité

$$\frac{x}{7} = \frac{y}{5}$$

qui exprime que

le 1er $n.$ cherché doit contenir le $n.$ 7	autant de fois que	le 2^e $n.$ inconnu contiendra le $n.$ 5,

en supposant tous les nombres abstraits, ou les nombres inconnus de même espèce que les nombres donnés.

Dans le cas où les nombres sont de deux espèces de grandeurs variant en rapport direct, cette dernière égalité résulte encore de la première ; car en regardant par exemple x et y comme les *prix* des *quantités* exprimées par les nombres donnés, le prix de l'unité doit être le même dans les deux cas, comme l'indique la dernière égalité. Cette seconde manière d'écrire est préférable à la première, surtout lorsqu'on a plus de deux nombres de chaque espèce, parce qu'on peut alors écrire la question sous la forme d'une suite de rapports égaux, et appliquer pour la résoudre la propriété dont jouit une pareille suite : *que la somme des numérateurs divisée par celle des dénominateurs égale l'un quelconque des rapports.* En outre, cette notation, en considérant les nombres donnés comme *comparables* ou *homogènes* aux nombres inconnus, conduit très-simplement à la même solution : car il est évident que chaque nombre inconnu doit contenir son correspondant, autant de fois que la somme à partager contient celle des nombres donnés.

Aussi on dit encore, et plus souvent, que *des nombres sont proportionnels à d'autres, lorsque le rapport ou quotient de chacun des premiers à son correspondant donné est constant.*

On a quelquefois à partager un nombre en parties *inversement proportionnelles* à des nombres donnés, par exemple un héritage en parties inversement proportionnelles aux âges des héritiers. Dans ce cas, le rapport de deux nombres demandés doit égaler le *rapport renversé* des deux nombres correspondants. Ainsi, si x et y désignent les nombres inconnus, correspondant aux âges donnés 7 et 5, on doit avoir

$$\frac{x}{y} = \frac{5}{7}$$

d'où l'on tire facilement que

$$7\,x \text{ doit égaler } 5\,y.$$

Dans ce cas ce n'est plus le *quotient,* mais le *produit* de chaque nombre cherché par son correspondant donné, qui doit être constant, et l'on ramène la question à la précédente en remplaçant chaque nombre donné par son *inverse.*

En effet $7\,x = x : 1/7$, et $5\,y = y : 1/5$ et les fractions $1/5$ et $1/7$, ayant même numérateur, sont *en rapport inverse* de leurs dénominateurs.

PROBLÈMES.

N° 94.

Diviser 48 en 3 parties proportionnelles aux nombres 5, 6 et 7 (1).

N° 94 *bis*.

Partager 240 en 3 parties qui soient entre elles comme les nombres 4, 7, 9.

(1) Solution :
Question : Sur 48 fr. à partager, le 1er aura x, le 2e y, le 3e z.
Hypothèse : Si sur 18 fr. (ou 5+6+7), le 1er a 5, — 6, — 7.
Analyse : Sur 1 fr., chacun aura 18 fois moins, etc.

N° 95.

Un oncle a laissé en mourant une fortune de 124.370 francs, et il a ordonné par son testament qu'elle serait partagée de la manière suivante, entre ses trois neveux, ses quatre nièces et ses cinq petits-neveux : un neveu doit avoir deux fois autant qu'une nièce, et chaque nièce trois fois autant qu'un petit neveu.

Quelle est la part d'un neveu, celle d'une nièce et celle d'un petit-neveu ?

N° 96.

Partager 3.750 en 3 parties, à condition que le double de la première soit égal aux 3/7 de la deuxième, et que la moitié de la deuxième vaille les 2/3 de la troisième.

N° 97.

Partager 250 en trois parties, à condition que la première et la deuxième soient dans le rapport de 5 à 7, et que la deuxième soit à la troisième dans le rapport de 9 à 11.

N° 98.

Partager 3.654 en 3 parties, à condition que la première contienne 3/4 autant de fois que la deuxième contient 7/9, et que la deuxième contienne 2/3 autant de fois que la troisième contient 5/6.

N° 99.

Partager 420 en trois parties, à cette condition, que les 2/3 de la première égalent les 4/7 de la deuxième, et que les 2/5 de la deuxième soient égaux aux 3/4 de la troisième.

N° 100.

Une personne achète un certain nombre d'hectares de terre de 3 classes différentes, pour la somme de 525.000 francs, formant le prix principal et les droits montant à 13 fr. 62 pour 0/0.

Les nombres d'hectares de la première, de la deuxième

et de la troisième classe sont entre eux comme les nombres 4, 5 et 6 ; le prix principal de l'hectare de deuxième classe est les 8/9 de celui de l'hectare de première classe ; le prix d'un hectare de troisième classe est les 11/12 de celui d'un hectare de deuxième classe ; on sait de plus qu'il y a 840 fr. entre les prix principaux d'un hectare de première et de troisième classe.

On demande le prix principal d'un hectare, et le nombre des hectares de chaque classe.

CHAPITRE X

RÈGLES DE SOCIÉTÉ.

Observations.

Les règles de société ont pour but de partager le gain ou la perte résultant d'une entreprise, *proportionnellement aux mises* des associés, et *aux temps* pendant lesquels ces mises sont restées dans l'entreprise. Ces questions ne sont donc que des applications des précédentes, et la solution repose sur les principes suivants :

1° Quand les temps sont égaux, les pertes et les gains sont proportionnels aux mises ;

2° Lorsque les mises sont égales, la répartition se fait proportionnellement aux temps ;

3° Enfin si les mises et les temps sont différents, le partage a lieu proportionnellement aux produits des mises par les temps, comme on s'en assure facilement en ramenant la question au premier cas.

Ces principes suffisent pour la solution de toutes les règles de société, quelque compliquées qu'elles soient ; mais le plus souvent l'entreprise étant fondée *par actions*, on divise le *dividende* total par le nombre d'actions ; et l'on multiplie le dividende partiel revenant à chaque action par le nombre d'actions que possède chaque associé.

On fait usage des règles de société dans un très-grand

nombre de cas : pour répartir l'actif d'un commerçant failli entre ses créanciers, dans la répartition de l'impôt et du contingent, etc.

Dans tous les cas analogues, où un nombre doit être partagé proportionnellement à beaucoup d'autres, on simplifie les calculs en ramenant à l'unité, de la manière suivante, par exemple : pour l'impôt, on cherche ce que que doit payer 1 franc de revenu, et cela se nomme *centime le franc* ou *marc le franc;* pour le contingent, on calcule le nombre de soldats à fournir *sur 100 conscrits*. Alors tous les calculs se réduisent à des multiplications du quotient obtenu par chaque revenu individuel, ou par le nombre de conscrits de chaque canton exprimé en centaines.

PROBLÈMES.

Nº 101.

Trois personnes se sont associées pour une petite entreprise. La première a mis 250 francs et son travail estimé à 3 fr. 45 par jour. La deuxième 432 francs et son travail estimé à raison de 2 fr. 50 par jour. La troisième a donné son travail valant 1 fr. 80, et 560 francs. La société a gagné en deux mois 836 francs. Que revient-il à chaque personne ?

Nº 102.

Trois personnes ont fondé une industrie. La première apporte un brevet à raison duquel elle a droit au prélèvement de 7 p. 0/0 sur les bénéfices avant le partage, et, sur le reste, à une part égale à celle qui reviendrait à une mise de 2.640 francs. La deuxième apporte 6.540 francs; et la troisième 8.250 francs. L'industrie a produit un bénéfice de 15.642 fr. 75, dont les 2/7 sont réservés à l'amélioration de l'industrie, et le reste est partagé entre les associés. Que revient-il à chacun ?

Nº 103.

Trois personnes se sont associées pour une entreprise :

la première a donné un immeuble d'un prix déterminé; la deuxième a versé 15.670 francs, et la troisième 12.348 francs; cette dernière aura droit, en outre, aux 2/17 des bénéfices de l'association pour les soins qu'elle donnera à l'entreprise. A la fin de l'année, le premier associé reçoit pour sa part dans le bénéfice 2.326 fr. 75, et le deuxième 1.954 fr. 95. Trouver ce qui revient au troisième pour sa mise et pour ses soins, le bénéfice total de la société, le prix de l'immeuble donné par le premier.

N° 104.

Trois personnes ont formé une association pour une entreprise, et ont constitué un fonds social de 32.455 fr. : la mise de la première personne surpasse celle de la deuxième de 1.532 francs, et cette deuxième mise surpasse la troisième de 2.548 francs. La première mise est restée 3 ans 7 mois, la seconde 4 ans 5 mois, la troisième 5 ans 2 mois dans la société. On a fait un bénéfice de 4.560 francs. Que revient-il à chaque personne, et eût-elle eu plus ou moins d'avantage à placer son capital à intérêts au taux de 4 p. 0/0 par an?

N° 105.

Trois personnes se sont associées pour un an dans une entreprise, et ont réalisé un bénéfice égal aux 2/5 de la somme des mises. A la fin de l'année, la première a retiré pour sa part les 18/65 de la somme des mises et des bénéfices; la deuxième a retiré les 23/65, et la troisième 10.080 francs. On demande la mise et le bénéfice de chaque personne.

N° 106.

Cinq personnes ont formé une association pour une industrie;

la première a versé		5.428 francs;	
la deuxième	»	6.245	» .
la troisième	»	7.312	»
la quatrième	»	8.520	»
la cinquième	»	12.257	»

Au bout de 6 mois, la cinquième a retiré 1.540 francs, et la deuxième a ajouté 854 francs ; trois mois plus tard la première a ajouté 1.236 francs, et la quatrième a retiré 657 francs. Au bout de 2 ans 1/2, la société a fait un bénéfice de 12.450 francs, qu'il faut répartir entre les associés. Que revient-il à chacun d'eux ?

N° 107.

Trois personnes se sont associées pour une entreprise et ont fait un bénéfice de 5.647 fr. 25, qu'il s'agit de répartir entre les associés. Les mises des trois personnes sont entre elles comme les nombres 7, 12 et 15 ; les temps pendant lesquels elles sont restées dans la société sont comme les fractions 2/3, 7/11 et 13/22. Trouver ce qui revient à chaque personne.

N° 108.

Quatre personnes s'étant associées pour une entreprise en ont retiré un bénéfice de 26.454 francs, qui a été réparti de la manière suivante entre les quatre associés :

la première a eu 8.656 francs ;
la deuxième » 7.548 »
la troisième » 6.936 »
la quatrième » 3.314 »

On sait que la première a mis dans la société une somme de 12.548 francs pendant 28 mois. La mise de la deuxième a été de 11.432 francs, et celle de la troisième de 9.645 francs ; on ignore les temps pendant lesquels elles sont restées dans la société, et l'on sait seulement que la mise de la quatrième est restée 6 mois dans la société. Trouver les mises des associés et les temps durant lesquels elles sont restées dans la société.

N° 109.

Trois personnes se sont associées pour une entreprise. La première apporte un capital qui, placé à 3 p. 0/0, lui donnait annuellement 357 francs de rente ; la seconde un billet de 6.538 fr. payable dans 2 ans et 4 mois, et qu'on offre d'escompter à 6 p. 0/0 par an, et la troisième une créance de 10.548 fr. sur un commerçant en faillite, qui donne 72 p. 0/0 à ses créanciers. On a fait un bénéfice de 2.640 francs : que revient-il à chacun?

CHAPITRE XI

MÉLANGES. — ALCOOL, VINS.

Observations.

Les règles de mélange sont de deux sortes : elles ont généralement pour but de *déterminer le prix moyen* de plusieurs substances mélangées, connaissant la quantité et le prix particulier de chacune d'elles ; ou bien elles servent à *déterminer les quantités relatives ou absolues* qu'il faut prendre de diverses matières, dont les prix sont indiqués, pour obtenir un mélange revenant à un prix moyen aussi indiqué.

Ces dernières sont les plus difficiles, et ne donnent lieu à des problèmes *déterminés,* c'est-à-dire n'ayant qu'une seule solution, que lorsque les marchandises données sont de deux espèces seulement. Dans ce cas, on compare les deux prix donnés au prix moyen : l'un donne un bénéfice, l'autre une perte. Or le gain total doit compenser la perte entière; mais une perte et un gain égaux au produit des deux différences trouvées sont faciles à réaliser, et on voit facilement que ces différences expriment les *quantités relatives* des substances à employer. Pour obtenir les *quantités réelles,* lorsqu'elles sont demandées, il n'y a plus qu'à faire une règle de partage proportionnel.

On peut encore résoudre ces sortes de questions en considérant la perte ou le gain fait, sur une unité ou sur un certain nombre d'unités de l'une des espèces, puis compenser ce gain ou cette perte *par addition* ou *par substitution* du nombre convenable d'unités de la deuxième

spèce : on a ainsi les *quantités relatives* dont nous venons de parler.

Quelle que soit la marche suivie pour la solution, on
trouve toujours que les *quantités à employer des deux
substances sont entre elles en rapport inverse des différences de leurs prix respectifs au prix moyen.* Aussi dans
la pratique, après avoir écrit l'un au-dessous de l'autre
les deux prix donnés, on place à droite et entre les deux
le prix moyen, puis on cherche la différence de ce dernier à chacun des premiers, et on écrit la différence provenant de chaque prix donné en regard de l'autre prix,
c'est-à-dire qu'on dispose ces différences en croix avec les
nombres qui les ont fournies.

Dans les questions relatives aux mélanges des vins, les
résultats pratiques ne sont pas toujours d'accord avec
ceux que fournit la théorie : cela résulte de ce que le mélange de deux liquides spiritueux inégalement riches en
alcool est accompagné d'une contraction. Celle-ci est
surtout considérable quand on mêle de l'eau à de l'alcool
pur ou absolu : elle va jusqu'à 3 ou 4 p. 0/0 quand on
prend des volumes égaux des deux liquides, comme l'a
reconnu Gay-Lussac dans ses travaux sur le *mouillage*
des liquides spiritueux. Il en serait de même si l'on mé-
langeait des graines de grosseurs notablement différentes : les petites se logeraient en partie dans les vides
laissés par les plus grosses.

PROBLÈMES.

N° 110.

Une personne a cultivé des betteraves qui ont rendu
en moyenne 537 quintaux 43 de racines par hectare. Le
poids de la pulpe provenant de la conversion des betteraves en alcool est 12.891 quintaux, et l'on sait que le
poids de la pulpe est les 8/11 du poids de la betterave
employée. Trouver le nombre d'hectares qui ont été cul-
tivés en betteraves et la quantité d'alcool obtenu, sachant

que cette quantité est 3,96 p. 0/0 du poids de la betterave employée.

N° 111.

En faisant fermenter 198 kilogrammes de sucre de
raisin, on obtient 92 kilogrammes d'alcool absolu ou
esprit de vin pur, et il se forme en même temps 88 kilogrammes de gaz acide carbonique. On sait que le centimètre cube d'alcool pèse 0 gr. 79, et l'on demande combien il faudra de sucre de raisin pour faire 15 hectol. 256
d'alcool absolu, et quelle sera la quantité en poids d'a-
cide carbonique qui se produira dans la fermentation?

N° 112.

On fabrique, avec des cerises, de l'alcool à 50 degrés centésimaux, c'est-à dire contenant 0,50 d'alcool; 225 litres
de cerises donnent 16 litres de cet alcool. En supposant
que la rectification de l'alcool, pour l'amener à 90 degrés
centésimaux, occasionne une perte égale à 0,07 de l'alcool
pur contenu dans la liqueur, trouver combien il faudra
de litres de cerises pour avoir un hectolitre d'alcool à 90°,
et quel serait le prix de ces cerises, en supposant qu'elles
coûtent 6 fr. 50 le double décalitre?

N° 113.

On a 15 litres de vin à 0 fr. 60 le litre, 12 litres à
0 fr. 80, et 8 litres à 0 fr. 45. Dire le prix du litre de mélange de ces trois sortes de vin.

N° 114.

Un marchand a deux espèces de vins, dont la première
lui coûte 135 fr. 50 l'hectolitre. En mélangeant 4 hectolitres 2/7 de ce vin avec 5 hectolitres 2/3 du second, et
en vendant le mélange 128 fr. 75 l'hectolitre, il gagne
sur le tout 7 p. 0/0 du prix du second vin contenu dans
le mélange. Trouver le prix de la pièce de 228 litres de ce
second vin.

N° 115.

Un marchand a acheté 3 pièces de vin d'une espèce et

5 d'une autre, à un prix convenu payable à 90 jours. Chaque pièce contient 228 litres, et les prix sont tels qu'en mélangeant 35 litres du premier avec 60 litres du second, on obtient du vin qui revient à 0 fr. 65 la bouteille de 66 centilitres, et que si on ajoutait 8 litres du premier vin à ce mélange, il reviendrait à 0 fr. 68 la bouteille. Trouver la somme que le marchand doit payer, et combien il devrait payer au comptant, le taux d'escompte étant 6 p. 0/0 par an.

N° 116.

Un marchand a acheté 100 litres de vin à 0 fr. 45 le litre et 100 litres à 0 fr. 54 ; il vend pour 42 francs de ces deux vins et perd sur cette vente 15 p. 0/0 du prix d'achat. Il mélange les quantités restantes et vend ce mélange au prix de revient, c'est-à-dire à 0 fr. 50 le litre. On demande combien de litres de la première et de la seconde espèce il a d'abord vendus.

N° 117.

Un marchand a trois sortes de vin ; le premier coûte 123 fr. 50 la barrique de 228 litres ; le second coûte 78 fr. 75 la barrique de 210 litres. Il mélange 12 barriques 3/7 du premier avec 15 barriques 7/8 du second, et il ajoute au mélange 18 hectol. 43 du troisième vin, de sorte que le mélange lui revient à 86 fr. 70 la barrique de 228 litres. Combien vaut l'hectolitre du troisième vin ?

N° 118.

On a deux sortes de vin : l'hectolitre du premier peut être cédé au prix de 78 fr. 50 payable à 90 jours ; l'hectolitre du second est évalué à 63 fr. 25 payable à 150 jours. Combien faut-il prendre de chacun d'eux pour composer 87 hectolitres d'un mélange qui pourrait être cédé sans perte ni gain à 70 fr. 45 l'hectolitre payable dans 6 mois.

Nota. — On prendra l'escompte *en dehors* à 6 p. 0/0 par an.

N° 119.

On a trois sortes de vins dont l'un vaut 75 francs l'hectolitre. En mélangeant 3 hectolitres de ce vin avec 4 hectolitres du second, et en vendant tout le mélange 459 fr. 70 on gagne 15 p. 0/0 du prix auquel il revient. Si l'on mêle 5 hectolitres du premier avec 7 du troisième, et qu'on cède le tout pour 717 fr. 96, on perd 5 p. 0/0 du prix de revient. On fait avec les derniers vins 15 hectolitres d'un mélange qui, vendu au prix de 58 francs l'hectolitre, donne un bénéfice de 20 p. 0/0 sur le prix de revient. Trouver le nombre d'hectolitres de chacun des vins qui entrent dans le mélange.

CHAPITRE XII

ALLIAGES. — MONNAIES.

Observations.

Les règles d'alliage sont tout à fait analogues à celles de mélange et se résolvent de la même manière ; elles n'en diffèrent qu'en ce que, s'appliquant ordinairement aux métaux précieux, les prix sont remplacés par des *titres.*

Or on sait qu'on appelle *titre* d'un alliage, le rapport du poids du *fin* (or ou argent) au poids total, c'est-à-dire la fraction indiquant quelle partie le poids du métal précieux est du poids total de l'alliage.

Ces sortes de questions s'appliquent aux monnaies : c'est pourquoi nous avons réuni sous ce titre les problèmes relatifs aux monnaies.

Il faut remarquer qu'ici encore, il y a souvent contraction par la fusion des métaux composants, c'est-à-dire que le volume de l'alliage est plus petit que la somme des volumes des métaux employés. Cela n'a aucun inconvénient quand il s'agit de *titres*, car le poids total est toujours égal à la somme des poids composants ; mais s'il était question de *densités*, le volume intervenant alors, il faudrait tenir compte de cette contraction.

Nous rappelons, pour quelques-unes des questions suivantes, la nécessité de raisonner sur des *nombres comparables*, et de ne comparer que des quantités *de même espèce*.

PROBLÈMES.

N° 120.

Quelle somme d'argent au titre 0,835 pourra-t-on fabriquer avec un lingot d'argent pur pesant 2 kilogrammes 505 ?

N° 121.

Une somme en monnaie de bronze pèse autant que 0 litre 325 d'eau. On demande : 1° quelle est la valeur de cette somme ; 2° quels sont les poids de cuivre, d'étain et de zinc qui entrent dans sa composition. Cet alliage est formé de 95 parties de cuivre, 4 d'étain et 1 de zinc.

N° 122.

D'après la convention monétaire conclue entre la France, la Belgique, l'Italie et la Suisse, les pièces d'argent de 2 francs et 1 franc, doivent comme celles de 0 fr. 50 et de 0 fr. 20, être réduites au titre de 0,835 ; le poids n'est d'ailleurs changé pour aucune pièce. D'après cela, étant données 1.670 pièces de 1 franc actuelles, on demande : 1° combien on pourrait fabriquer de nouvelles pièces de 1 franc ; 2° quel poids de cuivre il faudra ajouter ?

N° 123.

Les 2/3 des 3/4 des 4/5 d'un double litre contiennent de l'eau. On demande : 1° la valeur de la monnaie d'argent qui aurait le même poids que cette eau ; 2° quel est le poids de l'argent pur qui serait contenu dans cette monnaie, supposée au titre de 0,835.

N° 124.

On a une somme de 4.468 fr. 50, composée de poids

égaux de monnaies de bronze, d'argent et d'or : pour quelle valeur y entre chaque monnaie ?

N° 124 *bis*.

On a 120 grammes d'un alliage d'argent au titre de 11/12; en y ajoutant 75 grammes d'un second alliage dont le titre est inconnu, on ramène le titre à 9/10. Quel est le titre de ce second alliage ?

N° 125.

En admettant que le kilogramme d'argent pur vaut 40 kilogrammes de cuivre, et que les frais de fabrication d'un kilogramme de monnaie d'argent s'élèvent à 1 fr. 50, trouver le prix d'un kilogramme d'argent pur.

N° 126.

On a deux lingots, l'un au titre 7/8, l'autre au titre 11/12 : combien faut-il prendre de chacun pour composer un alliage de 240 grammes au titre 9/10 ?

N° 127.

On a deux alliages, à 7/8 et à 11/12. Combien faut-il ajouter du second à 100 grammes du premier pour faire un alliage à 9/10 ?

N° 128.

On a une somme de 1.480 francs formée de pièces de 10 francs en or, et de pièces de 5 francs en argent, le nombre des pièces de 10 francs étant à celui des pièces de 5 francs dans le rapport de 31 à 56. On fond toutes ces pièces dans un seul lingot après y avoir ajouté 163 gr. 4 de cuivre pur. On demande combien 1.000 parties de l'alliage contiennent de parties d'or, d'argent et de cuivre ?

N° 129.

On met dans un creuset 12 pièces de monnaie de 10 centimes, 4 pièces d'argent de 5 francs, 8 pièces d'or de 100 francs, et le tout est fondu. On demande : 1° la composition de l'alliage ainsi obtenu en le rapportant à 1.000 parties ; 2° jusqu'à quelle hauteur s'élèverait, dans un vase ayant la forme d'un décimètre cube, l'eau qui aurait le même poids que cet alliage; 3° la somme d'argent en monnaie de billon qu'on pourrait faire, en transformant en alliage monétaire tout le cuivre contenu dans l'alliage ci-dessus.

N° 130.

On a deux alliages dont les titres sont inconnus. En fondant 12 grammes du premier avec 7 du second on forme un alliage au titre de 11/12. Si l'on fond 8 grammes du premier avec 9 grammes du second, on a un alliage à 9/10 : quels sont les titres des deux alliages ?

CHAPITRE XIII

PHYSIQUE APPLIQUÉE.

Observations.

Les problèmes les plus ordinaires de physique sont des applications des lois de la chute des corps, du principe de Pascal sur l'égale transmission de pression, du principe d'Archimède et des densités, de la loi de Mariotte, de la pression atmosphérique, etc.

Les suivants n'ont guère rapport qu'au principe d'Archimède et aux densités, et ne présentent aucune difficulté quand on connaît ce principe si simple, et dont nous avons suffisamment parlé déjà à propos du système métrique, au commencement de cet ouvrage.

Nous avons indiqué aussi alors ce qu'on entend ordinairement par *densité,* et les usages de cette donnée qu'il serait mieux de nommer *poids spécifique.*

La *densité* d'un corps, en effet, comme on la définit en mécanique, *est la quantité de matière ou de substance contenue dans l'unité de volume de ce corps;* et on l'obtient en divisant la *masse* de ce corps par son volume : car on nomme *masse* d'un corps la quantité totale de matière qu'il contient. Cette masse ne doit pas être confondue avec le poids du corps, dont elle n'est qu'un des éléments : le poids d'un corps dépend de sa *masse* et de l'action plus ou moins grande que la pesanteur exerce sur lui (P $=mg$). Cette action sur un corps varie, comme l'a reconnu Newton, en rapport direct avec la masse du corps attirant, et en rapport inverse du carré de la distance : cela explique pourquoi un même corps à la surface de la lune pèserait 6 fois moins, et à la surface du soleil 28 fois plus qu'à la surface de la terre (1). Sur la terre même, un corps pèse plus dans le voisinage du pôle que près de l'équateur, à cause de l'*aplatissement* de la terre, et de l'inégalité de la *force centrifuge* qui a produit cet aplatissement lui-même. En d'autres termes, *la masse d'un corps est constante*, et *son poids est variable* selon le lieu où il est placé ; mais cette différence ne peut s'obtenir avec la balance, car la différence d'action de la pesanteur influe sur les poids employés, comme sur le poids lui-même : il faut alors avoir recours au *dynamomètre,* par exemple, ou mieux au pendule. On tire en effet de la formule

$$t = \pi \sqrt{\frac{l}{g}}, \quad g = \frac{\pi^2 l}{t^2}$$

et l'on sait qu'à Paris $g = 9^m,8088$: c'est le double de l'espace parcouru pendant la première seconde par un corps tombant librement.

En résumé, « on appelle *densité* d'une substance homogène, la masse qu'elle renferme sous l'unité de volume, et *poids spécifique* le poids de cette masse dont le volume est l'unité. Si l'on désigne par d la densité d'une substance, son poids spécifique D sera $d\,g$; et si l'on considère une portion de cette substance dont le volume soit désigné par V, la masse par M, et le poids par P, on aura

$$M = V\,d, \text{ et } P = V\,d\,g. \text{ »}$$

(DUHAMEL, *Cours de Mécanique de l'École polytechnique*).

(1) Voir H. FABRE, *la Science élémentaire.*

PROBLÈMES.

N° 131.

Un décimètre cube d'acier pèse 7 kilogrammes 816 ; 1 décimètre cube de laiton pèse 8 kilogrammes 383. — Un instrument composé de 3 parties en volume d'acier, contre 4 parties de laiton en volume, pèse 1 kilogr. 87. Quelles sont les quantités en poids d'acier et de laiton dont l'instrument est composé ?

N° 132.

En admettant qu'un volume quelconque de fer pèse 7 fois 2/3 plus qu'un égal volume d'eau, trouver en centimètres cubes le volume d'une masse de fer de 17 kilogrammes 357.

N° 133.

Une boule de platine pesée dans le vide a un poids de 44 grammes. Dans l'eau elle pèse 42 grammes et dans le mercure 16 grammes 8. Quel est le poids spécifique ou la densité du platine par rapport à l'eau, et la densité du mercure aussi rapporté à l'eau ?

N° 134.

Un litre d'air à 0° et sous la pression de 0ᵐ 76 pèse 1 gramme 293. On demande : 1° ce que pèse à la même température et à la même pression un demi-stère de bois dont la densité est 1/2 ; 2° quel serait le côté d'un cube en laiton qui pèserait dans l'air autant que le demi-stère de bois, sachant que la densité du laiton est 8,3.

N° 135.

On applique sur le plateau de la machine pneumatique un récipient dont la capacité est 10 fois celle du corps de pompe. Quelle est, après trois coups de piston, la pression de l'air dans le récipient ?

N° 136.

Un aérostat de 4 mètres cubes de capacité est rempli d'hydrogène qui a pour densité 0,067, la densité de l'air étant prise pour unité. Le ballon pèse 25 kilogrammes et le litre d'air pèse 1 gramme 3. A combien peut-on évaluer la force qui pousse le ballon à monter?

CHAPITRE XIV

ARPENTAGE ET GÉOMÉTRIE PLANE.

Observations.

Certains problèmes d'arpentage peuvent être résolus *graphiquement,* c'est-à-dire au moyen de constructions géométriques; ou *numériquement,* c'est-à-dire par le calcul.

Cette seconde méthode est préférable à la première, à cause des erreurs qu'entraîne celle-ci par suite de l'imperfection de nos organes et des instruments dont nous pouvons disposer; tandis que le calcul, par ses procédés précis, donne des résultats aussi exacts qu'on les désire. On devra donc, autant que possible, résoudre les problèmes de géométrie par le calcul, à moins qu'ils ne soient donnés en vue du *dessin linéaire.*

Les propriétés géométriques susceptibles de fournir des applications numériques sont surtout celles des lignes proportionnelles, des triangles semblables et du triangle rectangle, puis les formules relatives à l'évaluation des surfaces : du rectangle, du parallélogramme, du triangle, du trapèze, du cercle et de ses parties, le secteur et le segment. Il faut donc avoir ces propriétés et ces formules présentes à l'esprit, si l'on veut réussir dans l'épreuve dont nous nous occupons.

Au point de vue du dessin, il faut connaître aussi les propriétés des perpendiculaires et des obliques, des parallèles, des droites et des circonférences tangentes, qui d'ailleurs précèdent dans les traités de géométrie celles dont nous venons de parler.

Une question que l'on rencontre très-souvent dans la *géodésie* ou le partage des terrains, et dont le troisième des problèmes suivants offre l'exemple, consiste à calculer la base d'un triangle connaissant sa surface et sa hauteur. Elle ne présente aucune difficulté : aussi nous nous contentons de l'indiquer.

Une autre question que l'on rencontre aussi souvent, consiste à calculer la surface d'un triangle au moyen des trois côtés. Or, on démontre que cette *surface est égale à la racine carrée d'un produit de quatre facteurs, dont l'un est le demi-périmètre* p *du triangle, et les trois autres les restes que l'on obtient en retranchant successivement de ce demi-périmètre chacun des côtés* a, b, c, c'est-à-dire qu'on a

$$S = \sqrt{p\,(p-a)\,(p-b)\,(p-c)}.$$

PROBLÈMES.

N° 137.

Deux locomotives partent en même temps du point d'intersection de deux voies rectangulaires avec une vitesse moyenne de 15 kilomètres et de 20 kilomètres par heure. Quel temps leur faudra-t-il pour être à 245 kilomètres l'une de l'autre, et quelle distance chacune d'elles aura-t-elle parcourue?

N° 138.

Les trois côtés d'un triangle ABC sont : AB = 123^m 46 ; AC = 137^m 58 ; BC = 187^m 34. Trouver l'aire de ce triangle.

N° 139.

Sur un terrain de forme quadrangulaire ABCD, on a mené les perpendiculaires CI et DK sur le côté AB, et on a mesuré les longueurs suivantes :

AI = 23^m,50; IB = 37^m,40 ; BK = 14^m,20 ;

CI = 45^m,75 ;

DK = 19^m,60. Évaluer la superficie de ce terrain, et le partager en deux parties équivalentes au moyen d'une droite menée du milieu du côté CD.

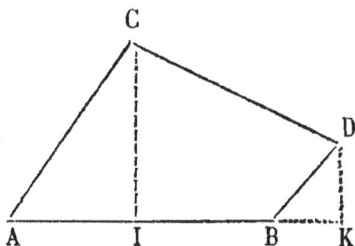

N° 140.

Trouver le rayon du cercle dans lequel le secteur de 24° 17′ aurait la même superficie que le quadrilatère donné au problème précédent, c'est-à-dire 2.084$^{m.\ q.}$,4327.

N° 141.

Partager en trois parties équivalentes, par des parallèles aux bases, un trapèze dont les bases sont 27 Dm. 36, et 34 Dm. 28, et dont la hauteur est 36 Dm. 43.

N° 142.

Inscrire dans une circonférence de 0^m 046 de rayon un pentagone régulier, et circonscrire à la même circonférence un triangle équilatéral, dont un côté aura pour point de contact l'un des sommets du pentagone. Indiquer brièvement, et sans démonstration, la marche que l'on suit dans chacune de ces deux constructions.

CHAPITRE XV

NIVELLEMENT.

Observations.

La plupart des questions numériques de nivellement renferment la *pente*. On appelle pente d'une ligne inclinée le rapport de la différence de hauteur de deux points de cette ligne, à la distance *horizontale* qui les sépare.

Quand il s'agit d'un plan incliné, sa pente s'indique par celle de sa *ligne de plus grande pente :* ainsi dans le *plan incliné* employé en mécanique, et où l'on distingue la *base* (horizontale), la *hauteur* (verticale), et la *longueur* (inclinée), la pente est le *rapport de la hauteur à la base.*

De même dans les talus, la pente s'indique par *tant de hauteur sur tant de base, ou tant sur tant.*

L'*inclinaison* d'une ligne ou d'un plan est l'angle *aigu* que fait ce plan avec le plan horizontal, ou cette ligne avec sa projection sur le plan horizontal. Cet angle s'énon-

çant en degrés, tandis que la pente est un rapport, c'est-
à-dire un nombre abstrait, on voit que ces deux quantités
quoique pouvant exprimer une même chose, sont cependant différentes.

PROBLÈMES.

N° 143.

Les hauteurs des sommets A, B, C, du triangle n° 138,
au-dessus du plan horizontal de comparaison, sont respectivement 4^m 36; 3^m 64 et 2^m 15. A quelle distance du
point B la ligne de niveau menée par le point A, vient-
elle rencontrer la ligne BC?

N° 144.

Qu'entend-on, dans le nivellement, par échelle de
pente?

Une droite indéfi-
nie AB se projette
horizontalement sui-
vant CD. La hauteur
AC du point A est
2 m.,37; la hauteur
BD du point B est
3 m.,45; enfin, la dis-
tance AB est 48 m.,
24 : trouver l'échelle
de pente de la ligne
AB.

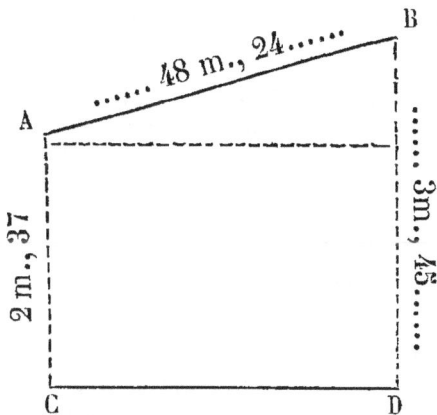

N° 145.

Il existe entre deux terrains horizontaux, dont la différence de niveau est 3^m,48, un talus déterminé par 2 lignes
horizontales AB et CD, de 39^m,56 de longueur. L'échelle
de pente du talus est 3/2, et on veut le ramener à la pente
de 1/1, en maintenant la ligne inférieure AB pour ligne
de naissance. Trouver en mètres cubes la quantité de terre
à enlever.

CHAPITRE XVI

GÉOMÉTRIE DANS L'ESPACE.

Observations.

Les problèmes de géométrie dans l'espace sont aussi de deux sortes : *graphiques* et *numériques*. Les premiers étant plutôt des questions de dessin et se résolvant par la *géométrie descriptive*, il suffit de les signaler ici. Quant aux derniers, ils exigent la connaissance des formules qui expriment la surface et le volume des différents corps réguliers.

Les surfaces se ramènent à celles de figures planes, en considérant le *développement* des différents corps. Pour les volumes, il faut se rappeler que *le volume d'un prisme droit ou oblique est le produit de sa base par sa hauteur,* et qu'*une pyramide triangulaire,* et même quelconque, *est le tiers du prisme de même base et de même hauteur.*

Ces règles fondamentales s'étendent facilement au volume du cylindre et du cône, et à celui de la sphère, sachant d'ailleurs que *la surface de la sphère est égale à celle de quatre grands cercles.*

Quant au tronc de pyramide et au tronc de cône à bases parallèles, on peut les considérer comme la différence de deux pyramides ou de deux cônes semblables, ou leur appliquer cette formule : que *le tronc de pyramide (ou de cône) est équivalent à trois pyramides (ou cônes) qui auraient pour hauteur commune la hauteur même du tronc, et dont les bases respectives seraient la grande et la petite base du tronc, et une moyenne proportionnelle entre ces deux dernières.* — Cette *moyenne* exigeant l'extraction d'une racine carrée, le calcul précédent est plus facile.

PROBLÈMES.

N° 146.

On a creusé dans un terrain horizontal un fossé dont la coupe transversale ABCD a le côté BC du fond égal à 0 m.,54 ; les côtés inclinés AB et CD ont chacun 0 m.,67 ; les angles de AB et de CD avec l'horizontale sont de 60° ; enfin la longueur du fossé est de 23 m.,50. Trouver le nombre de mètres cubes de terre qu'il a fallu enlever pour creuser ce fossé.

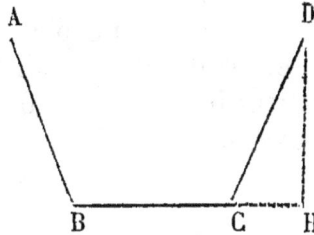

N° 147.

La hauteur d'un cylindre est 0^m 503. Trouver le diamètre de base, par la condition que le volume de ce cylindre soit égal à 1 hectolitre.

N° 148.

Le décilitre employé pour le lait et l'huile a la forme d'un cylindre dont la hauteur est égale au diamètre. Trouver le diamètre de base et la hauteur.

N° 149.

On donne au double décalitre la forme d'un cylindre dont la hauteur est égale au diamètre de base. Quelles doivent être ces deux dimensions ?

N° 150.

Le litre employé pour mesurer les liquides a la forme d'un cylindre dont la hauteur est double du diamètre. Trouver les dimensions du litre.

N° 151.

La surface extérieure d'une sphère creuse, de même épaisseur dans tous ses points, est 24 décimètres carrés 32 ; sa surface intérieure est 18 décimètres carrés 55. Quelle est l'épaisseur des parois et quel serait le rayon de la sphère pleine du même volume ?

N° 152.

Un générateur est formé : 1° d'un cylindre de 3ᵐ 10 de longueur intérieure sur 0ᵐ 50 de diamètre intérieur, terminé par deux hémisphères de même diamètre que le cylindre; 2° de deux bouilleurs cylindriques de 3ᵐ 25 de longueur intérieure sur 0ᵐ 18 de diamètre aussi intérieur. Trouver la capacité de ce générateur.

N° 153.

Les longueurs des arêtes d'une pyramide triangulaire sont :

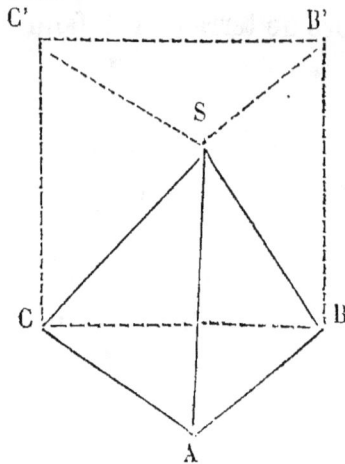

AB = 2 m., 43;
AC = 3 m., 15 ;
BC = 3 m. 54 , pour la base; et SA = 4 m., 18;
SB = 4 m., 45; SC = 3 m. 78, pour les autres. Trouver à l'approximation de 0,001 le volume de cette pyramide et le rayon de la sphère équivalente.

N° 154.

Un cylindre dont le diamètre est 0ᵐ 08 a une surface totale de 5 décimètres carrés 024. On y met du mercure jusqu'au quart de sa hauteur; les 4/9 du reste contiennent de l'eau, et on achève de le remplir avec de l'huile. On demande 1° le poids du mercure, celui de l'eau et de l'huile ; 2° le rayon de la sphère de plomb qui aurait le même poids que tous ces liquides réunis; 3° la valeur de l'argent monnayé qui aurait ce même poids; 4° la longueur qu'on aurait en mettant à la file les pièces de 5 fr. contenues dans la somme précédemment trouvée. On sait que le poids spécifique du mercure est 13,6; celui de l'huile 0,91 et celui du plomb 11,3.

N° 155.

Un vase cylindrique, dont le diamètre est égal à la hauteur, repose par son fond sur un plan horizontal. Un cône de platine ayant même base et même hauteur que le cylindre est introduit dans ce dernier, de manière que sa base s'applique sur le fond du cylindre. On verse dans la cavité ainsi formée, du mercure jusqu'à la moitié de la hauteur du cylindre, et le reste est rempli avec de l'eau. La circonférence de la base du cylindre est égale à 0^{m}125. On demande : 1° le poids du cône de platine ; 2° celui du mercure ; 3° celui de l'eau. Les poids spécifiques du platine et du mercure sont respectivement 22 et 13,6.

N° 156.

Un vase cylindrique de laiton, ouvert à sa partie supérieure, a une hauteur qui, mesurée extérieurement, est de 0^{m}253. Le diamètre extérieur est de 0^{m}154, l'épaisseur de la paroi latérale et du fond est 0^{m}003. On place dans le cylindre une boule de plomb qui pèse 5 kilogrammes 128. Cela fait on verse de l'huile dans le vase de manière à le remplir jusqu'aux bords. On demande : 1° quel est le poids de cette huile ; 2° quel est le poids total du vase, du plomb et de l'huile. (Densité du laiton 8, 4 ; du plomb 11,3 ; de l'huile 0,91.)

SECONDE PARTIE

AVERTISSEMENT.

Les problèmes suivants n'ont pu être placés dans leurs groupes respectifs, parce que le travail précédent était terminé lorsqu'ils ont été proposés. En les rapprochant de ceux de même espèce indiqués précédemment, on verra de quelle utilité peut être notre recueil.

Il nous a paru plus commode, pour les classes où cet ouvrage est employé, de ne pas bouleverser l'ordre des numéros par l'interposition de ces derniers problèmes. Quant aux aspirants ou aspirantes qui travaillent isolément, l'indication du groupe dont chacune de ces dernières questions fait partie, leur servira de guide, et leur permettra de chercher dans les *Solutions* la marche suivie pour résoudre celles du même genre.

De plus, cette disposition permettra, à chaque tirage, de tenir l'ouvrage au courant des nouvelles questions proposées, sans rien changer à l'ordre primitif ; enfin, le lecteur pourra ajouter à la fin de chaque chapitre les problèmes qui lui paraîtront les plus intéressants, comme nous l'avons fait pour quelques-uns.

CHAPITRE I

VOLUME, CAPACITÉ, POIDS.

N° 1.

On a reçu à la gare de Douai un train de marchandises contenant :

1° 2.357 hect. de charbon, pesant en moyenne 90 kilog. 54 l'hectolitre, et pour lequel le prix du transport est de 2 centimes 75 par kilomètre et par tonne de 1.000 kilogrammes ;

2° 975 mètres cubes de bois, pesant par mètre cube 743 kilogr. 27, au prix de transport de 4 centimes 35 par tonne et par kilomètre.

3° 592 hect. 56 de blé, pesant 76 kilogr. 38 l'hectolitre, et coûtant pour le transport 5 centimes 3, par tonne et par kilomètre.

On a payé, pour les frais de transport de ces trois marchandises, 10.085 fr. 60.

Quelle est, en kilomètres, la distance de Douai à la gare d'où l'on a expédié ce convoi ?

N° 2.

Un hectare de terrain produit en moyenne 15 hectolitres de lentilles. Le décalitre de lentilles pèse 8 kilog. 3. Quelle somme d'argent rapportera la récolte obtenue dans un champ ayant la forme d'un carré dont le côté est de 153 mètres ?

50 kilogrammes de lentilles valent autant que 71 kilogrammes de blé, et l'hectolitre de blé, qui pèse 77 kilogrammes, coûte 19 fr. 25.

N° 3.

Un cultivateur vend du blé 31 fr. les 100 kilog. et consent à ajouter gratis 3 pour cent de blé pour compenser le déchet. Le mesurage se fait au double décalitre, dont le poids est de 14 kilog. 8 hectog. L'acheteur en emporte, en tout, 387 doubles décalitres : quelle somme devra-t-il payer ?

Nº 4.

Un hectare donne par an trois récoltes de luzerne fraîche, pesant chacune 34.650 kilogrammes : ce fourrage se vend *sec* 54 fr. 75 les 1,000 kilog. Sachant que le produit annuel d'un terrain de 153 mètres de long sur 74 mètres de large a été vendu 2.770 fr. 75 ; on demande combien p. 0/0 la luzerne fraîche perd de son poids par l'effet de la dessiccation ?

CHAPITRE II

ÉCLAIRAGE ET CHAUFFAGE.

N° 1.

Un marchand vend du bois de chauffage, soit à raison de 23 fr. 75 le stère, soit à raison de 2 fr. 75 le quintal métrique. De quel côté est l'avantage pour l'acheteur? — Le bois pèse les 0,82 de ce que pèse l'eau sous le même volume.

N° 2.

Quelle est la capacité d'un vase, sachant que l'huile qui remplit les 5/7 de ce vase pèse autant que la monnaie d'argent qui vaut 385 fr. 50. L'hectolitre d'huile pèse 90 kilog.

N° 3.

Un marchand a acheté 13 stères 2/3 de bois pour une somme qui, placée à 5 p. 0/0 pendant six mois, rapporterait 5 fr. 40. Il a vendu ce bois à 2 fr. 25 le quintal. On demande ce qu'il a gagné : 1° pour 0/0 ; 2° par stère ; 3° par tonne métrique. On sait que 1 centimètre cube de bois pèse 81 centig.

N° 4.

Un marchand a acheté pour 140 fr. 75 un tonneau d'huile ; il vend cette huile par bouteilles de 75 centilitres, à raison de 2 fr. 50 la bouteille, fût et bouchons compris ; le 100 de bouteilles vides lui coûte 16 fr. 25, et le 100 de bouchons 1 fr. 55 ; il fait de la sorte un bénéfice total de 26 fr. 43. Quelle est, en litres, la contenance du tonneau?

N° 5.

Un marchand a acheté 650 hectolitres de charbon à

20 fr. les 11 hectolitres ; que gagnera-t-il en revendant le
tout à 23 fr. 40 la tonne ? — L'hectol. de charbon pèse
85 kilog.

N° 6.

Le charbon obtenu par la carbonisation du chêne pèse
les 0,24 du poids du chêne. Combien faut-il de stères
de chêne pour obtenir 6.840 kilog. de charbon ? — Le
stère de chêne pèse 1.080 kilog.

N° 7.

Un industriel a fait deux achats de charbon : d'un
achat à l'autre le charbon a augmenté de 20 p. 0/0 de sa
première valeur, et il paye la seconde fois 21 fr. la tonne.
On demande combien, la première fois, il a payé l'hectolitre, sachant que l'hectolitre de charbon pèse 80 kilog.

N° 8.

Un marchand a acheté 350 litres d'huile pour 412 fr.;
il a vendu 117 kilog. de cette huile pour 156 fr.:
combien devra-t-il vendre chaque litre de ce qui reste
pour faire sur toute la vente un bénéfice de 12 p. 0/0 ? —
Le poids d'un hectol. d'huile est 91 kilog.

CHAPITRE III

ÉCONOMIE DOMESTIQUE.

N° 1.

Un marchand a acheté 31 mètres de drap à 18 fr. 75 le mètre ; il en a vendu 14 mètres en gagnant 11 p. 0/0 sur le prix d'achat ; et en vendant le reste, il gagne 29 fr. Combien ce marchand a-t-il gagné p. 0/0 sur la totalité ?

N° 2.

On a acheté pour 44 fr. 50, 8 kilog. de sucre, 7 kilog. de chocolat et 2 kilog. de thé. On sait que 3 kilog. de chocolat ont la même valeur que 5 kilog. de sucre, et que 2 kilog. de thé valent 6 kilog. de chocolat. Combien vaut le kilog. de chacune des trois substances ?

N° 3.

Trois faucheurs se sont associés pour faire la moisson. Ils ont coupé 16 hectares et 38 ares à 13 fr. 75 l'hectare, en 17 jours, pendant lesquels ils ont eu à payer deux enfants, à 1 fr. 15 chacun par jour, pour ramasser le blé. Que revient-il à chacun, sachant que le premier a perdu 3 jours 1/4, le deuxième 2 jours 1/3, et que le premier, comme chef d'association, prélève sur la recette totale, 4 1/2 p. 0/0.

N° 4.

Une personne a acheté au prix de 1 fr. 35 le mètre, la quantité de toile nécessaire pour faire 3 douzaines de paires de draps de lit, ayant chacun pour largeur, une largeur et demie de toile, et 2 mètres 75 de longueur ; mais en mesurant sa toile, elle trouve qu'il lui manquera 2 mètres 48 pour donner aux draps la longueur désirée. On demande alors : 1° quelle longueur elle devra donner à chaque drap ; 2° combien de mètres de toile elle emploiera ; 3° combien elle devra vendre chaque paire de draps pour gagner sur le tout une somme de 25 fr., et retrouver le prix de la façon, évaluée à 7 fr. 50 par douzaine de paires de draps.

N° 5.

On a semé un champ rectangulaire qui a 289 mètres de long sur 182 mètres de large ; la récolte a été de 18 quintaux de blé par hectare. Ce blé pèse 75 kilog. par hectolitre et donne en farine les 0,82 de son poids. Le poids de l'eau ajoutée à cette farine pour en faire de la pâte est les 0,53 du poids de la farine ; la cuisson fait perdre à la pâte les 2/13 de son poids. On demande : 1° combien de mètres cubes de blé ont été récoltés ; 2° combien d'hommes mangeant 1 kilog. 3 on pouvait nourrir pendant 25 jours avec le pain provenant de cette récolte.

N° 6.

Une personne a acheté 3 mètres de calicot et 7 mètres de soie pour 40 fr. 65 ; une autre fois, elle a dépensé 30 fr. 80 pour 4 mètres de calicot et 5 mètres de soie. Combien a-t-elle payé le mètre de chaque étoffe ?

N° 7.

Sur des marchandises qu'il a vendues, un marchand a gagné 3.516 fr. 75. S'il eût gagné 83 fr. de plus, il aurait gagné 8 1/2 p. 0/0. Combien les marchandises ont-elles été vendues ? combien ont-elles coûté ?

CHAPITRE IV

COURRIERS, FONTAINES, ETC.

N° 1.

Un courrier parcourant 10 kilom. 1/2 à l'heure est parti depuis 3 heures, lorsqu'on envoie à sa poursuite un autre courrier qui parcourt 13 kilom. à l'heure. En combien d'heures et de minutes le deuxième atteindra-t-il le premier?

N° 2.

Une fontaine coulant seule remplirait entièrement un bassin en 2 heures 18 minutes; une deuxième fontaine remplirait seule ce même bassin en 5 heures 1/4. En combien de temps serait-il rempli par les deux fontaines coulant ensemble?

N° 3.

Une pompe peut épuiser un bassin en 7 heures 1/2; une autre l'épuiserait en 5 heures. Si on les fait fonctionner en même temps, combien faudra-t-il d'heures pour épuiser le bassin?

N° 4.

Un ouvrier tisse 5 mètres 75 d'étoffe par jour; un autre en tisse 7 mètres 85 dans le même temps. Le premier a 42 jours de travail d'avance. On demande en combien de jours le second aura tissé autant de mètres que le premier.

N° 5.

Un cultivateur voulant faire creuser un fossé de 1.820 mètres de long, a à sa disposition : 1° trois ouvriers qui pourraient, à eux trois, creuser le fossé en 30 jours;

2° quatre qui pourraient le creuser en 25 jours; 3° dix ouvriers qui le creuseraient en 15 jours. Pour aller plus vite, il les emploie tous. Combien de temps durera le travail, et combien chaque ouvrier creusera-t-il de mètres?

N° 6.

Deux compagnies d'ouvriers peuvent faire le même travail, l'une en 11 jours, l'autre en 15 jours; on prend le 1/3 des ouvriers de la première et les 3/5 de ceux de la seconde. En combien de jours se fera l'ouvrage?

N° 7.

Une personne A en poursuit une autre B, qui a 450 mètres d'avance. A fait 3 pas de $0^m,70$ quand B en fait 2 de $0^m,75$. On demande combien A doit faire de pas pour rejoindre B, et quelle sera la longueur du chemin parcouru.

(Aspirants aux Écoles d'arts et métiers, 1875.)

CHAPITRE V

FRACTIONS.

N° 1.

Une personne a acheté une pièce d'étoffe à 2 fr. 80 le mètre, et en a revendu d'abord 2/5, puis le 1/3 du reste. En revendant le coupon restant à 3 fr. 25 le mètre, elle a reçu pour ce coupon 123 fr. 50 : quel est le prix total de la pièce achetée ?

N° 2.

On a acheté 65 tonnes de minerai contenant 11 p. 0/0 de cuivre, au prix de 16 fr. 75 le quintal. Le cuivre perdu dans l'opération qui a pour objet l'extraction du métal, s'élève aux $\dfrac{81}{1351}$ de celui que contient le minerai. Les frais d'extraction pour un quintal de minerai s'élèvent à 5 fr. 85. On demande : 1° à quel prix reviendra le quintal du cuivre ; 2° le poids du cuivre produit; 3° le volume de ce cuivre. — On sait que le rapport du poids du cuivre au poids d'un égal volume d'eau est 8,8.

N° 3.

La somme des 3/4 et des 5/7 d'un nombre est égale à l'excès du double de ce nombre sur 7,875 : quel est ce nombre ?

N° 4.

D'un vase à moitié plein d'huile on a retiré une première fois les 3/4 de cette huile; une seconde fois, les 9/10 du reste. La quantité d'huile qui reste alors pèse autant que 81 fr. 90 en monnaie d'argent. Le litre d'huile pesant 910 grammes, on demande quelle est la capacité du vase.

N° 5.

Un poteau vertical est partagé en trois parties. L'une blanche, a 0ᵐ,4 de long; l'autre bleue, vaut les 5/12 de la longueur totale, et la longueur de la troisième, qui est noire, s'obtient en ajoutant 0ᵐ,70 aux 2/9 de la longueur du poteau. Quelles sont les longueurs de la partie bleue et de la partie noire?

N° 6.

Si au double d'un nombre on ajoute le 1/3 de ce nombre, et qu'on en retranche le 1/7, on trouve 15 1/3. Quel est ce nombre?

N° 7.

Lorsqu'un fonctionnaire commence à recevoir un traitement, l'État prélève pour la caisse des retraites : 1° le premier mois de traitement; 2° 5 p. 0/0 à partir du second mois. Calculer, d'après ces données, quelle fraction de son traitement a reçu le fonctionnaire au bout de la première année.

N° 8.

Deux personnes se sont partagé une somme de 5.225 fr. 60. La première perd les 2/9 de sa part, et la seconde perd le 1/15 de la sienne. Elles sont alors aussi riches l'une que l'autre. Quelles étaient leurs parts?

N° 9.

Un marchand a vendu une certaine quantité de sucre en trois lots : le premier, qui représente les 2/7 de cette quantité, a été vendu avec un bénéfice de 6 fr. 50; le second, qui représente les 3/4 du reste, a été vendu avec un bénéfice de 8 fr. 25 ; enfin, sur le reste, qui pèse 10 kilog., on a perdu 4 fr. Le tout ayant été vendu 122 fr. 75, on demande : 1° le poids total du sucre; 2° le prix d'achat; 3° le gain moyen fait sur chaque kilog.

CHAPITRE VI

INTÉRÊT SIMPLE.

N° 1.

Une personne qui devait payer une dette le 10 novembre ne l'a payée que le 15 janvier, ce qui a augmenté la dette de 42 fr. L'intérêt étant de 5 p. 0/0 par an, que devait cette personne?

N° 2.

Un particulier place les 35/100 de son capital à 4 p. 0/0, les 45/100 à 5 p. 0/0, le reste à 6 0/0. Il se fait ainsi un revenu de 15.132 fr. Quel est le capital, et quelles sont ses différentes parties?

N° 3.

Deux personnes se sont partagé un héritage, il y a un an et demi. L'une, qui a reçu les 2/9 de l'héritage de plus que l'autre, a immédiatement placé sa part à intérêts, à 6 p. 0/0, et elle obtient ainsi en tout, une somme qui lui permet d'acheter une inscription de rente de 500 fr., en 3 p. 0/0, au cours de 58 fr. 25. Quelle était la valeur de l'héritage? — On tiendra compte du courtage, qui est de 1/8 p. 0/0.

N° 4.

En ajoutant à une certaine somme d'argent son propre tiers, on obtient une nouvelle somme qui, placée à intérêts pendant huit mois, à 6 p. 0/0, devient en tout 1.850 fr. Quelle est la première somme?

N° 5.

Un propriétaire place les 3/4 de sa fortune dans une entreprise industrielle et le reste dans une autre. La première lui donne au bout d'un an un dividende de

20 p. 0/0; mais la deuxième fait faillite et ne donne à ses créanciers que 52 p. 0/0. Néanmoins le propriétaire gagne en réalité 1.803 fr. Alors il place ce qui lui reste de sa fortune (non compris les 1.803 fr.), à intérêts à 6 p. 0/0 par an; que recevra-t-il d'intérêts au bout de mois 12 jours?

N° 6.

Une personne ayant fait deux parts d'un capital de 45.000 fr., a placé la première à 5 1/2 p. 0/0, et la deuxième à 4 1/2 p. 0/0. Elle se fait ainsi un revenu annuel de 2.025 fr. Quelles sont ces deux parts? (Ariége, 1875.)

CHAPITRE VII

ESCOMPTE.

N° 1.

Une salle a 5 mètres 40 de long sur 3 mètres 60 de large; on achète, pour y faire un tapis de pied, de l'étoffe ayant $0^m,45$ de large et coûtant 3 fr. 75 le mètre courant. Pour protéger ce tapis, on le recouvre d'un autre en étoffe légère à 0 fr. 85 le mètre et ayant $0^m,60$ de large. Quelle sera la dépense totale, si, payant comptant, on obtient un escompte de 3 0/0?

N° 2.

Un marchand a acheté pour la somme de 2.945 fr. 27 barriques de vin dont le poids est 24.453 kilog. Le poids des barriques vides est la douzième partie du poids du vin. La densité du vin est 0,99. Le marchand vend 34 hectolitres de ce vin avec un bénéfice de 14 p. 0/0. L'acheteur le paye avec trois billets égaux qu'il fait le 25 janvier 1867, jour de l'achat : le premier de ces billets est payable le 7 avril; le deuxième, le 15 juin; le troisième, le 17 septembre. On demande quel est le montant de chacun de ces trois billets. Le taux de l'escompte est 5 1/4.

N° 3.

Un négociant devant payer 750 fr. dans 8 mois, en paye 290 au bout de 3 mois et demi; à quelle époque devra-t-il solder le reste ?

N° 4.

En 1875, la ville de Paris a fait un emprunt divisé en obligations émises à 440 fr., dont 140 fr. payables en souscrivant, et le reste par sommes de 100 fr. tous les 5 mois. L'escompte accordé pour les sommes payées par anticipation étant de 6 p. 0/0 par an ; on demande à quel taux se trouve acquise une obligation libérée immédiatement, sachant qu'elle rapporte 10 fr. par semestre. (Orne, 1875.)

CHAPITRE VIII

INTÉRÊTS COMPOSÉS, ANNUITÉS.

N° 1.

Un terrain a la forme d'un trapèze isocèle dont les bases sont 215 mètres 8 et 309 m.; la valeur commune des côtés non parallèles, est 104 m. 70. Un spéculateur qui achète ce terrain donne en payement : 1° 79 actions du chemin de fer d'Orléans au cours de 993 fr.; un titre de 4.270 fr. de rente 3 p. 0/0 au cours de 73 fr. 60; il vend ensuite ce terrain pour une somme dont les 3/5 placés à intérêts composés pendant 2 ans 9 mois à 5 p. 0/0, sont devenus 149.889 fr. On demande : 1° la surface du terrain en hectares; 2° le prix d'achat; 3° le prix de vente; 4° le bénéfice par hectare; 5° le bénéfice p. 0/0.

N° 2.

Une personne verse, d'année en année, chez un banquier, une somme de 1.000 fr. à quatre reprises différentes. Au milieu de la cinquième année, elle retire 850 fr. et demande ce qui lui est dû à la fin de la cinquième année. En supposant l'intérêt de 5 p. 0/0 et capitalisé à la fin de chaque année, que recevra cette personne?

N° 3.

On place 6.548 fr. à intérêts composés à 4 p. 0/0; un an après 6.616 fr. Trois ans après le deuxième placement, les deux sommes ont acquis la même valeur. Quel est le taux du second placement?

N° 4.

Une somme de 103.850 fr. provient d'un capital placé pendant 3 ans 7 mois à intérêts composés à 5 1/2 p. 0/0. Ce capital lui-même représente les 7/9 du prix de vente d'un champ de forme rectangulaire qui a 385 mètres de longueur. Sachant que l'hectare de ce terrain a été vendu 7.650 fr., calculer la longueur du champ.

N° 5.

Un capital de 75.000 fr. placé pendant 2 ans 3 mois et 8 jours, à 5 p. 0/0 et à intérêts composés, a produit, avec l'addition des intérêts, une certaine somme. Cette somme a été divisée en deux parties qu'on a placées, la première à 4 1/4 p. 0/0; la deuxième à 5 1/2 p. 0/0. Le revenu annuel résultant de ces deux placements est de 3.918 fr. On demande : 1° quelles sont ces deux parties; 2° s'il aurait été plus avantageux d'acheter avec cette somme de la rente 5 p. 0/0 au cours 91 fr. 50, en payant les frais de courtage et de timbre, qui sont respectivement de 1/8 p. 0/0 et de 1 fr. 50.

N° 6.

On suppose que les bénéfices d'un négociant dans le courant de chaque année représentent le 1/4 de la somme dont il disposait au commencement de cette année, et qu'il engage ses nouveaux capitaux dans son commerce comme il le faisait pour les précédents. Au bout de 3 ans, il se retire avec une fortune qui, placée à 6 p. 0/0 par an, lui permet de dépenser 171 fr. par mois. Quelle était sa première mise de fonds?

N° 7.

La population d'un pays était de 3.548.000 habitants au 1er janvier 1850. Elle a augmenté de 1/37 par an pendant 11 ans, puis, par suite d'une épidémie, elle a diminué de 1/28 par an pendant les 5 années suivantes. Depuis lors elle croît de 1/40 chaque année. Dire la date à laquelle cette population sera doublée, et trouver de combien elle aurait dû croître uniformément chaque année pour être triplée à la même date.

CHAPITRE IX

PARTAGES PROPORTIONNELS.

N° 1.

Un propriétaire emploie le 1/9 de sa fortune pour acheter une maison ; avec le 1/4 du reste il achète un bois ; enfin, de ce qui lui reste encore, il fait deux parts, qui sont entre elles comme 2 est à 3. La première de ces parts étant placée à 4 p. 0/0 et la seconde à 5 1/2 p. 0/0, il se fait un revenu annuel de 8.820 fr. — On demande quelles sont les sommes placées à 4 p. 0/0 et à 5 1/2 p. 0/0. la fortune entière, et les prix de la maison et du bois.

N° 2.

Une personne consacre les 2/7 de sa fortune à l'achat d'une maison ; avec les 3/5 du reste elle achète une propriété. De ce qui reste alors elle fait trois parts qui sont entre elles comme les nombres 1, 3, 4. Elle place la première de ces parts à 4 1/2 p. 0/0, la deuxième à 5 p. 0/0, la troisième à 6 p. 0/0. Elle se fait ainsi une rente de 4.350 fr. par an. On demande la fortune de cette personne, le prix de la maison, celui de la propriété, les sommes placées à 4 1/2 p. 0/0, à 5 p. 0/0 et à 6 p. 0/0.

N° 3.

Partager 1.200 mètres en parties proportionnelles aux nombres 2, 3 1/4, 5 2/3, 1/9.

(Aspirants aux Écoles d'Arts et Métiers, 1875.)

CHAPITRE X

RÈGLE DE SOCIÉTÉ.

N° 1.

Trois personnes s'étant associées pour une entreprise, la première a mis une certaine somme qui est restée 3 ans et 4 mois dans la société; la deuxième a mis 1.200 fr. de plus que la première et a laissé sa mise 4 ans et 2 mois dans la société; enfin, la troisième a mis une certaine somme, qui est restée 3 ans 8 mois dans la société. Les bénéfices ayant été partagés, on trouve qu'il revient 5.221 fr. à la première personne, 7.447 fr. à la deuxième, et 7.322 fr. à la troisième. Trouver les mises des trois associés.

N° 2.

Un oncle a 4 neveux âgés, le premier de 20 ans, le deuxième de 19, le troisième de 17 et le quatrième de 11 ; il leur laisse à se partager 462.000 fr., mais à la condition qu'en plaçant leurs parts à intérêt simple à 5 p. 0/0 dès aujourd'hui, ils aient successivement la même somme à leur majorité (21 ans). Combien faut-il donner à chacun aujourd'hui?

(*Bulletin de l'Aisne,* mars 1875.)

CHAPITRE XI

MÉLANGES, ALCOOLS, VINS.

N° 1.

Un marchand a trois sortes de vins; le 1er coûte 127 fr. la barrique de 230 litres; le 2e coûte 78 fr. la barrique de 208 litres. Il mélange 11 barriques 1/2 du premier avec 14 barriques 1/4 du second. Il ajoute à ce mélange 16 hectol. 55 du 3e vin. Le mélange obtenu ainsi lui revient à 150 fr. la barrique de 250 litres. On demande ce que vaut l'hectolitre du 3e vin.

N° 2.

Un marchand achète 7 barriques de vin au prix de 400 fr. la barrique; à tout ce vin il ajoute 114 litres d'eau, et vend ce mélange à raison de 1 fr. 10 les 75 centilitres. Il fait ainsi un bénéfice de 447 fr. 20. Quelle est la contenance de chaque barrique?

N° 3.

Un marchand de blé en a acheté 63 hectolitres de 2 espèces, pour lesquels il a payé en tout 1.450 fr. L'hectolitre de première espèce lui coûte 25 fr., et celui de seconde 20 francs. Combien a-t-il eu d'hectolitres de chaque espèce?

CHAPITRE XII

ALLIAGES, MONNAIES.

N° 1.

Combien de centilitres occupe l'alcool qui pèse autant que le cuivre contenu dans 24 pièces d'argent de 5 francs ? — Le litre d'alcool pèse 834 grammes.

N° 2.

La valeur intrinsèque d'une chaîne d'or pesant 72 grammes est de 231 francs 90 centimes. Quel en est le titre ?

N° 3.

L'argent pur valant 222 fr. le kilogr. et le cuivre 370 fr. le quintal, que gagne-t-on après avoir fabriqué 90.000 pièces de un franc ?

N° 4.

Le florin autrichien est une pièce d'argent au titre de 0,900 et pesant 12 grammes 345. Quelle est sa valeur *au pair* ?

N° 5.

Le ducat autrichien est en or, au titre de 0,986, et pèse 3 grammes 480 : calculer sa valeur au pair ?

N° 6.

Un voyageur demande à la gare de Strasbourg un billet pour Mayence ; il donne 25 fr., et on lui remet 2 thalers plus 0 fr. 08. Au retour il paye 5 thalers, et on lui rend 1 fr. 05. Quelle est la valeur du thaler en monnaie française ?

(Lyon, Brevet facultatif, 1875.)

CHAPITRE XIII

PHYSIQUE.

N° 1.

Un alliage d'or et d'argent pesant 150 grammes, a pour densité 16. Les densités de l'or et de l'argent sont 19 et 10. Il n'y a pas eu de contraction ni de dilatation dans la fusion. Pour quel poids chaque métal entre-t-il dans l'alliage?

N° 2.

On pèse, en le tenant plongé dans l'eau, le poids de 10 kilogrammes en cuivre, et l'on constate qu'il ne pèse plus que 8 kilogrammes 75 : quelle est la densité du métal?

N° 3.

Le centimètre cube d'or pèse 19 grammes 3; le centimètre cube d'argent pèse 10 grammes 5. On propose d'allier à 250 grammes d'or un poids d'argent tel que le centimètre cube de l'alliage pèse 13 grammes 6. — On supposera que l'alliage se fait sans changement de volume.

N° 4.

La densité de la fonte étant 7,3, on demande ce que pèserait dans l'eau le poids de 50 kilogrammes.

CHAPITRE XIV

ARPENTAGE ET GÉOMÉTRIE.

N° 1.

Deux villes situées dans l'hémisphère boréal, sur le même méridien, ont pour latitudes respectives 48° 17′ et 41° 53′. Quelle est, en kilomètres, la distance qui les sépare? — On suppose la terre parfaitement sphérique. On demande, en outre, quelle est en hectares la surface du carré qui aurait cette distance pour contour.

N° 2.

La longitude de Vienne est de 14° E. Indiquer quelle heure il est à Vienne quand il est midi à Paris, et quelle heure à Paris quand il est midi à Vienne?

N° 3.

En prenant pour latitude moyenne de Paris et de Vienne 48° 1/2, déterminer la distance de ces deux villes, 1° en kilomètres, 2° en milles autrichiens valant 7 kilomètres 586 mètres? On sait que Vienne est à 14° de longitude E. de Paris, et que le rayon du parallèle de 48° 1/2 est environ les 2/3 de celui de la terre.

N° 4.

Les côtés AC et AB de l'angle droit d'un triangle rectangle sont égaux à 16 mètres et à 24 mètres : déterminer à quelle distance du point C la ligne C B sera coupée par la bissectrice de l'angle A. — Trouver de plus la surface du triangle formé par cette bissectrice, la perpendiculaire abaissée du même point sur l'hypoténuse et le segment de CB compris entre ces deux lignes. (Construire cette figure à l'échelle, en prenant 3 millimètres par mètre.)

N° 5.

Deux héritiers au même titre se sont partagé une

partie de leur patrimoine : l'un d'eux a reçu tant en biens-fonds qu'en valeurs mobilières, pour une somme de 17.350 fr.; l'autre, pour 16.850 francs. Il leur reste un champ ABCD évalué 3.000 francs l'hectare. Les héritiers demandent que la ligne AD le long de laquelle on peut avantageusement bâtir soit divisée en parties proportion-nelles aux surfaces qui reviennent à chacun d'eux. On de-mande d'effectuer ce partage et de construire le plan à l'échelle de $\frac{1}{1000}$. AB' $= 12^m 20$, BB' $= 90^m 50$, B'C' $= 123^m 60$, CC' $= 102^m 20$, C'D $= 16^m 50$.

(BB' et CC' sont les perpendiculaires abaissées des points B et C sur AD.)

N° 6.

Calculer, à moins de 1 décimètre carré près, la sur-face d'un octogone régulier inscrit dans un cercle de $2^m 80$ de rayon.

(Aspirants aux Écoles d'Arts et Métiers, 1875.)

CHAPITRE XV

NIVELLEMENT.

N° 1.

Un entrepreneur se charge de construire un remblai pour une route ayant 12 mètres de large à sa partie supérieure ; la hauteur verticale du remblai est de 2ᵐ 60 et sur les côtés latéraux la pente est de 2/5. Combien faudra-t-il de mètres cubes de terre si la route a 650 mètres de long ?

N° 2.

Un chemin de fer traverse une plaine horizontale sur un remblai ayant 6ᵐ de hauteur, 8ᵐ de largeur au sommet, et des talus gazonnés dont la pente est de 3 sur 4 ou 3/4. On demande combien ce remblai, sur chaque kilomètre de longueur, a exigé : 1° de mètres cubes de terre à porter ; 2° de mètres carrés de gazon.

(*Bulletin de l'Aisne,* mars 1875.)

CHAPITRE XVI

GÉOMÉTRIE DANS L'ESPACE.

N° 1.

Un terrain horizontal a la forme d'un triangle rectangle isocèle. Un entrepreneur se charge de le creuser à une profondeur de $1^m,50$ et de transporter la terre enlevée à une certaine distance. Les frais de ce double travail s'élèvent à 4 fr. 75 par mètre cube. Le propriétaire, au lieu de payer comptant, donne à l'entrepreneur deux billets, l'un de 2.528 fr. payable dans 4 mois 17 jours, l'autre de 2.147 fr. payable dans 6 mois 11 jours. Le taux de l'escompte est de 5 3/4. On demande : 1° quelles sont les dimensions et la surface du terrain ; 2° quel serait le côté du tronc de cône qu'on pourrait former avec la terre enlevée, en supposant les circonférences des bases de ce cône égales à 63 mètres et à 35 mètres.

N° 2.

Un bassin en fonte a la forme d'une demi-sphère ; son diamètre intérieur est de 3 mètres 44 centimètres ; son épaisseur est de 38 millimètres. On demande : 1° la capacité de ce bassin ; 2° son prix à raison de 221 fr. la tonne ; 3° le prix de la peinture intérieure et extérieure de la partie courbe et de la partie plane à 4 fr. 15 le mètre carré ; la hauteur du cylindre équilatéral qui aurait la même capacité que ce bassin. — Densité de la fonte 7, 3.

N° 3.

Une borne en pierre, se compose d'une base prismatique de forme cubique enfoncée dans le sol, et d'une partie extérieure formée d'un tronc de cône surmonté d'un hémisphère. Le carré servant de base au cube a $0^m 35$ de côté ; la grande base du tronc de cône y est inscrite ; sa hauteur est de $0^m 80$; le diamètre de la petite base est plus petit de 1/5 que celui de la grande ; enfin l'hémisphère se raccorde avec la base supérieure. On demande ce que coûtera le polissage de la partie extérieure de la borne, à raison de 0 fr. 30 le décimètre carré.

N° 4.

La circonférence d'un puits de mine est de 13 mètres 20 centimètres ; les infiltrations peuvent y élever le niveau de l'eau à 1 mètre 20 centimètres en vingt-quatre heures. On demande quel doit être au moins le diamètre intérieur d'une pompe destinée à épuiser l'eau, et dont le piston a 0^m 40 c. de course ; la pompe donne 3 coups par minute et marche neuf heures par jour.

On demande, bien entendu, qu'au bout de 24 heures le niveau soit à la même hauteur que la veille.

N° 5.

Le poids d'un cube de plomb est de 300 kilogrammes. On demande quel est le poids qu'on aura à enlever à ce cube, pour le transformer, au tour, en un cylindre à base circulaire, aussi grand que possible. On calculera également les volumes et les surfaces du cube et du cylindre. Le poids spécifique du plomb est de 11, 3.

N° 6.

Un cône de plomb dont le côté est égal au diamètre pèse 10 kilog. Le centimètre cube de plomb pèse 11 kilogr. 3. On demande les dimensions de ce cône, sa surface latérale, sa surface totale, le poids de plomb qu'il faudra enlever à ce cône pour le réduire à la sphère qui y est inscrite, et enfin le rayon de la sphère qu'on ferait avec le plomb ainsi enlevé.

DESSIN LINÉAIRE

Nos 1 et 2.

Voir les nos 4 et 5, problèmes du chapitre xiv.

No 3.

Construire à l'échelle de 1/10 la coupe verticale et le plan d'un monument funèbre composé d'un parallélipipède à base carrée A, d'une pyramide tronquée B, et d'une petite pyramide C dont la base se confond avec la base supérieure de B.

La hauteur totale	=	2^m 40
Celle du parallélipipède	=	0^m 90
Le côté de la base	=	1^m 35
Le côté de la grande base de B	=	1^m 19

Chacun des angles formés par la base de B avec les faces latérales = 75°; l'angle en C (au sommet) formé par deux faces opposées, est droit.

Indiquer, d'après la construction même, la grandeur du côté de la base supérieure de B, ainsi que les hauteurs respectives de B et de C.

No 4.

Faire, à l'échelle de 2/10, la coupe et le plan de la borne indiquée au chapitre xvi, no 3.

No 5.

Une pyramide régulière a sa base horizontale. Cette base a la forme d'un octogone régulier inscrit dans un cercle de 2^m 35 de rayon; la hauteur est le double du côté du pentagone régulier inscrit dans le même cercle. — Représenter la projection verticale et la projection horizontale de cette pyramide à l'échelle 2 pour cent.

N° 6.

Un bloc ayant la forme d'un prisme droit à base carrée est placé sur un plan horizontal. Un cylindre droit à base circulaire repose centralement sur ce bloc. Le diamètre de ce cylindre est la moitié du côté de la base du prisme et sa hauteur est le triple de son diamètre. Enfin, sur la base supérieure du cylindre est placé un tronc de cône dont la base inférieure est égale à celle du cylindre ; le rayon de la base supérieure est moitié de celui de la base inférieure, et le côté de ce tronc de cône est égal au diamètre de la base inférieure.

On propose de représenter :

1° La projection horizontale de cet ensemble ;

2° La projection sur un plan vertical parallèle à l'un des côtés du bloc qui sert de base.

La hauteur du bloc est égale à 1 mètre, et la longueur du côté est égale à 8 mètres.

Échelle de réduction 0,01.

ERRATA DES SOLUTIONS

Nº 8, ligne 4,	au lieu de	37 fr. 5	lisez	31 fr. 5
Nº 13, lignes 2, 4, etc.	—	024 mc.	—	204 mc.
— des Enoncés,	—	12 hl. 45	—	21 hl. 45
Nº 18, des Solutions,	—	633 fr. 80	—	63 fr. 38
—	—	726 fr. 68	—	156 fr. 26
Nº 28, ligne 8,	—	$\times$ 2,927 fr.	—	$\times$ 2,927 fr. 35
Nº 54, ligne 5,	—	$\times$ 18 fr. 75	—	$=$ 18 fr. 75
Nº 90. Voir le nouvel énoncé (solution à refaire).				
Nº 93, ligne 18,	au lieu de	6 fr. 636	lisez	6 fr. 633
— ligne 22,	—	2,396 fr. 86	—	2,413 fr. 13
Nº 99, ligne 18,	—	$\times$ 175 fr.	—	$\times$ 210 fr.
Nº 109, fin,	—	2º 591 fr.	—	1er 1,250 fr. 77
Nº 117, ligne 15.	—	$\times$ 1250 15	—	$+$ 1250 15
— ligne 18,	—	261 fr.	—	261 fr. 72
— ligne 21,	—	14 fr. 6	—	14 fr. 20.

TABLE DES MATIÈRES

SAINT-CLOUD. — IMPRIMERIE DE Mme V^e EUG. BELIN.

www.ingramcontent.com/pod-product-compliance
Lightning Source LLC
Chambersburg PA
CBHW052042270326
41931CB00012B/2590